FILM STORYBOARD ARTIST

THE PERS⁰NS

더퍼슨스는 한 산업 분야의 다양한 전문가들을 인터뷰하여 해당 분야에 대한 균형 잡힌 관점을 담는 인터뷰 컬렉션입니다. 일방향보다 다방향, 정체보다 변화, 독점보다 공유를 추구합니다. 더퍼슨스 시리즈는 다양한 분야에서 계속됩니다.

FILM STORYBOARD ARTIST
Image communicator

Interviewer's Note

학창 시절 가장 힘겨워했던 교과목이 '미술'이었습니다. 싫어하는 교과목은 아니었습니다. 오히려 색칠하고 그리고 자르고 붙이는 행위가 재미있어 집에서 혼자만의 미술 시간을 즐기기도 했죠. 문제는 저의 실력이었습니다. 머릿속으로 상상한 모양과는 전혀 다른 형태의 작품이 탄생했습니다. 제 나이 또래면 누구나 알 법한 밥 로스(Bob Ross) 아저씨가 '참 쉽죠?'라고 하는 말만 믿고 호기롭게 덤볐던 거죠. 결국 다른 사람은커녕 저 자신도 전혀 만족할 수 없는 그림만 그렸고, 그렇게 미술이라는 분야와는 시간이 흐르면서 자연스레 멀어졌습니다.

다른 한편으로 그림을 잘 그리는 이들을 동경한다는 의미이기도 했죠. 머릿속에 떠오르는 장면을 원하는 대로 그려낼 수 있는 사람. 글, 말, 제스처로 표현 방식이 한정되어 있는 저에게 '그림으로 의미를 전달하는 사람'은 인상 깊게 다가왔습니다. 그림이 갖고 있는 전달력이 결코 작지 않으니까요.

더퍼슨스의 세 번째 주제인 '영화 콘티 작가'가 이 정의에 적확하게 들어맞는 직업입니다. 아직 영상으로 만들어지기 전, 시나리오에 적힌 한 편의 영화를 가장 먼저 시각화하는 사람들이죠. 연출가의 머릿속에 자리 잡은 광활한 아이디어를 명확한 장면으로 정제하는 사람이자, 우리가 영화관에서 관람하는 영화 장면들의 설명서를 마련하는 사람입니다. COVID-19로 영화관을 찾는 설렘과 즐거움이 어떤 느낌이었는지 가물가물해질 무렵 영화 콘티 작가들을 만나 인터뷰했습니다. 그림을 잘 그리는 사람에 대한 동경은 차치하고서라도 그동안 재밌게 봤던 한국 영화들의 줄거리가 어떤 과정을 거쳐 완성됐는지 그 이야기를 듣는 것만으로도 충분히 흥미로운 시간이었습니다.

정작 이들과 대화를 나눈 뒤 든 생각은 콘티가 단순한 '그림 그리기'에 국한되지 않는다는 것입니다. 콘티뉴이티(Continuity)라는 단어가 의미하듯 줄거리의 맥락과 정합성을 파악하는 논리력, 스토리보드의 각 장면이 실제 촬영 현장에서 어떤 형태로 촬영되는지 따져볼 수 있는 기술적인 지식, 등장인물의 캐릭터와 의상, 소품, 배경 등 다양한 정보를 취합해 한 컷의 그림으로 표현하는 정보 전달력까지. 작화 실력 이외에 갖춰야 할 능력이 많은 '제2의 연출가'라는 생각이 들었죠. 그림으로 정보를 전달하고 각 영화 전문가들과 합의를 이뤄내는 사람. 이번 시리즈의 부제가 'Image communicator'인 이유입니다.

영화 콘티 작가들과 이야기를 나눴던 시간은 빛을 보지 못한 채 숨겨져 있던 보석을 발견한 느낌이었습니다. 거창한 표현이라 생각할지도 모르겠습니다. 저 역시 생소한 분야를 호기심만으로 접근했던 터라 깊은 통찰에 대한 기대가 크지는 않았죠. 정작 이들과 대화하는 내내 영화를 대하는 저의 편협함을 발견할 수 있었습니다. 어떤 감독이 제작했는지, 어떤 배우가 나오는지에만 초점을 맞춰 관람할 영화를 선택했으니까요. 감독과 배우가 모든 스포트라이트를 받는 영화계에서 겉으로 드러나지 않는 구성원들의 관점을 이해하는 것이 참 의미 있겠다 생각했습니다. 감독의 연출력과 배우의 연기력만으로 들여다보기에 영화는 방대하며 조밀하기 때문입니다. 앞으로 이어질 더퍼슨스의 영화 관련 주제들도 그동안 스포트라이트를 받지 못했던 이들에게 시선을 맞춰볼 계획입니다.

부디 이 책을 읽는 여러분도 제가 느꼈던 바를 온전히 누리길 바랍니다. 지겹도록 돌려봐 다음 장면에서 어떤 대사가 나올지 외울 정도로 눈에 박힌 영화를 '콘티'라는 또 다른 관점에서 바라볼 때 느끼는 즐거움. 분명 봤던 영화지만 새로운 영화를 대하듯 관람하는 희열. 한 장면 한 장면의 풍미를 온전히 음미할 수 있을 것입니다. 무엇보다 이름 모를 여럿이 모여 영화를 봐도 아무 걱정 없는 날이 하루빨리 다가오기를 고대합니다. 그리고 마음 편히 영화관에 갈 수 있는 날이 됐을 때, 이 책이 새로운 관점으로 영화를 바라볼 수 있는, 더 깊은 통찰로 이끌어주는 도움의 손길이 될 수 있기를 바랍니다.

편집장 이시용

Interviewer's Note   v

Person 01.   **영화 콘티 작가는 글과 영상의 간극을 채운다**   01
김영웅

Person 02.   **영화 콘티 작가는 그림에 정보를 담는다**   41
정상용

Person 03.   **영화 콘티 작가는 제2의 시나리오를 만든다**   75
박송이

Person 04.   **영화 콘티 작가는 구체적으로 표현한다**   99
정윤선

Person 05.   **영화 콘티 작가는 시각화된 시나리오를 만든다**   123
송선찬

Person 06.   **영화 콘티 작가는 그림으로 윤색한다**   145
류현

Person 07.   **영화 콘티 작가는 생각하는 힘이 필요하다**   179
박지운

Person 08.   **영화 콘티 작가는 설계도를 그린다**   211
엄경아

Dictionary   245
Interviewees   255

PERSON 01

영화 콘티 작가는
글과 영상의 간극을 채운다

김영웅

PERSON 01
김영웅

간단한 자기소개 부탁드립니다.

15년 차 콘티 작가 김영웅입니다. 어느새 베테랑이 되어 버린 콘티 작가입니다. 제가 대단하다는 생각보다는 운이 좋았다고 봐요. 좋은 작품들을 작업하면서 많이 배웠죠. 꽤 많은 작품을 작업했어요. 포털 사이트에는 60여 개 작품이 나오더라고요.

기억에 남는 작품으로는 어떤 영화들이 있나요?

<범죄와의 전쟁>, <신세계>, <1987>, 그리고 <완벽한 타인>. <악인전>도 기억에 남아요.

15년 동안 60여 개 작품을 했다면 산술적으로 1년에 네 편을 작업하셨네요.

네. 맞아요. 최근 들어 1년에 세 편 정도 작업하고 있어요. 영화뿐 아니라 드라마 등 다른 분야의 일도 하기 때문에 일정이 겹칠 때가 있거든요. 그래서 보통 네 편 작업한다고 이야기해요(웃음).

현재 하는 업무에 대해 더 자세하게 설명해 주세요.

영화 한 편을 만들기 위해서 가장 먼저 필요한 것이 '글'이고 그다음이 '영상'이죠. 저는 저의 일을 '글과 영상 사이의 간극을 채우는 일'이라고 이야기해요. 제가 하는 강의의 주제도 '글, 영상 그 사이를 채우다.' 예요. 멋 좀 부려 봤죠(웃음). 그런데 저는 정말 그렇게 생각해요.

저는 프리 프로덕션[1] 단계에서 이미 모든 정보를 알고 있어야 해요. 영화 내용이나 작업 환경의 만족 여부에 상관없이 관계자들과 회의하면서 일단 계속 캐물어요. '이 인물은 어떤 배우가 연기해요?', '이 장면에서 엑스트라 배우는 몇 명이 등장해요?', '차는 몇 대가 나오나요?', '이 장면의 시간대는 낮인가요, 밤인가요?'라고 상세하게 물어볼 수밖에 없어요. 그 정보

---

[1] 프리 프로덕션(Pre-production): 영화가 개봉되기까지 프리 프로덕션(Pre-production), 프로덕션(production), 포스트 프로덕션(Post-production) 등 크게 3단계의 작업방식으로 나뉜다. 프리 프로덕션은 촬영이 들어가기 전에 영화를 기획하는 단계를 말한다. 프리 프로덕션 단계에서는 시나리오 작성, 투자사 확정뿐 아니라 배우, 스텝 계약 진행, 촬영 장소 계약 진행 등 촬영이 들어가기 전 모든 과정을 진행, 확정하는 단계이다.

를 바탕으로 그림을 그려야 하니까. 영화 촬영과 관련된 모든 정보를 수집해서 글과 영상 사이의 간극을 채우는 역할인 거죠.

'콘티 작가'와 '스토리보드 작가'라는 용어가 혼용되기도 합니다.

미국이나 유럽 영화 산업의 콘티 작가, 스토리보드 작가, 프로젝트 디렉터와 비교해 보면 좋아요. 그들의 개념이 우리나라 영화 산업에서의 개념과 큰 차이점이 없지만 조금 더 세분화되어 있어요. 사실 '콘티를 짠다'라는 의미가 곧 '그림을 그린다'가 아니에요. '스토리보드를 그린다'가 '콘티 작가다'가 아닐 수도 있다는 거죠. 제 나름대로 정리해 본 결과, 주어진 상황에 맞춰 그림을 그리는 사람은 '스토리보드 작가', 창의성과 기획력을 더해 스토리를 완성해 나간다면 '콘티 작가'라고 정의하고 있어요.

영화가 아닌 광고 영상 작업을 하다 보면 레퍼런스 이미지를 붙여 두고서 '이 느낌대로 그려 주세요.'라는 요청을 받을 때가 있어요. 그럴 때 저는 스토리보드 작가가 되죠. 주어진 조건에 따라 설명 가능한 그림으로 변환하는 작업이니까. 반면 콘티 작가는 무한한 확장 가능성을 가진 '글'을 '그림'이라는 유한한 형태로 묶는 작업을 해요. 수없이 많은 회의를 거치며 모든 사람이 납득할 수 있게끔 재창출하는 과정이죠. 저는 의미상 구분하기 위해 이렇게 분류해요.

15년 전 콘티 작가라는 직업을 처음 접하게 된 계기가 궁금합니다.

굉장한 우연이었죠. 저는 원래 영상학과를 졸업했어요. 3D 디자인을 공부하고 졸업 작품도 3D 디자인 작업물로 만들었죠. 첫 회사도 관련 직종으로 들어갔어요. 그런데 막상 입사하고 일해 보니 내 길이 아니다 싶었어요. 재미가 없는 거예요. 작업을 진행할 수는 있는데 하고 싶지 않은 기분. 이런 고민을 가지고 잠시 방황을 했어요. 그러던 중 학교에서 그림 좀 그렸던 동기 형에게서 연락이 왔어요. 본인이 다니고 있는 회사에서 일해 보는 것이 어떻겠냐고. 그 회사가 콘티를 그리는 곳이었죠. 그렇게 자연스럽게 콘티 작업을 시작했어요.

콘티 작업에서는 일의 재미를 느낄 수 있었나요?

 다행히 재밌었어요. 제가 그림도 조금 그릴 줄 알고, 글도 조금 쓸 줄 알고, 프로그램도 조금 다룰 줄 아는데 뭐 하나 특출나게 잘하는 것이 없는 애매한 상태였거든요. 콘티 작업에는 그 세 가지 능력이 모두 필요한 거예요. '어떻게든 길이 나오겠지.' 생각하면서 계속 버텼죠.

콘티 작업에 다시 초점을 맞춰 보겠습니다. 연출, 기획 부문과 촬영 부문 사이에서 둘을 연결하는 역할로 이해했는데요. 콘티 작가가 연출 및 촬영 전문가들 사이에서 어떤 범위까지 영향력을 미치는지 궁금합니다.

 감독님이나 촬영 감독님이 보시기에 저는 호불호가 극명하게 나뉘는 콘티 작가일 거예요. 저는 저의 주장을 꽤 하는 편이거든요. 사람들을 설득하기 위해 노력하는 편이죠. 다투는 정도는 아니지만 어떤 사항에 대해서는 절대 안 된다고 말할 때가 있어요. 반면 친하게 지내는 콘티 작가 동생 한 명은 조금 더 유연한 편이에요. 소극적이거나 실력이 떨어진다는 의미가 아니에요. 여럿이 함께 하는 작업에 대한 자세가 다른 거죠. 그래서 서로 작업한 영화 면면을 보면 티가 나요. 한 명은 많은 관객을 동원한 영화가 주를 이루고, 다른 한 명은 흥행은 많이 안 됐지만 소수에게 인정을 받는 작품을 많이 했더라고요.

특정 작품은 아예 감독님 없이 콘티 회의를 할 때도 있어요. 감독님의 성향에 따라 다른 거죠. '네가 전체적인 스토리와 과정을 이해하고 시나리오에 맞는 콘셉트를 잡을 줄 아니 일단 작업해 봐.'라면서 저에게 맡기시는 거예요. 제가 완성한 콘티를 보면서 수정할 부분만 나중에 고치면 되니까. 거꾸로 회의할 때 계속 옆에 붙어 있는 감독님도 계시죠. 그런 분들과는 레퍼런스 자료를 보여드리면서 '이런 느낌 어떠세요? 저런 느낌 어떠세요?' 제시하고 하나하나 실마리를 찾아가요.

감독님의 성향이 어떻든 콘티라는 작업물과 자신의 논리로 상대방을 설득하며 만들어간다는 점이 중요하네요.

네. 예를 들어 이야기의 전체 구조를 잡지 못하고 작업을 진행하는 경우가 있어요. 그분들에게는 문제점에 대해 계속해서 말씀드릴 수밖에 없어요. 하고 싶은 완성품이 무엇인지는 이해하는데 그 결과물까지 찾아가는 길을 모르는 거예요. 왜 여기서 A컷 다음에 B컷이 나와야 되는지, 왜 C컷 다음에 D컷이 나오면 안 되는지 이유가 존재하거든요. CGI[2] 작업 때문일 수도 있고 맥락상 필요한 컷일 수도 있고. 나중에 편집실에서 왜 이 컷 안 찍어왔냐고 뭐라 하는 경우가 꽤 생겨요. 편집 과정에서 A컷과 B컷이 이어지지 않거든요. 그래서 '이 지점에서 중간 컷 하나 그려 놓을게요.' 했을 때 '아, 그래.'라고 하시는 분들은 편집 과정을 아시는 거고 이 과정을 모르시는 분들은 '왜요?'라고 물어봐요. 콘티 작업을 많이 하다 보면 촬영과 편집 과정에서 결국 빠지게 될 장면들이 뻔히 보여요. 이런 경우를 대비해서 간단한 장면이라도 한 컷 찍어 놔야 되거든요. 그래서 회의 때 나오지 않는 내용이라도 몰래 그려 놓을 때도 있어요(웃음). 이런 작은 부분에서 콘티 작가의 영향력이 달라져요.

---

[2] CGI(Computer-generated imagery): 컴퓨터 영상 합성기술이라고 부르며, 컴퓨터에서 조작되거나 창조되는 일련의 이미지를 작업할 때 사용되는 기술을 말한다.

연출과 촬영뿐 아니라 후반 편집 과정 등 고려해야 하는 범위가 생각보다 넓네요.

모든 상황을 미리 고민해보는 것이 '영화를 콘티대로 찍었네.'라는 말을 들을 수 있는 가장 좋은 방법이기도 해요. 보통은 콘티와 실제 영화를 비교해 보면 조금씩 달라요. 그나마 제 작업물은 싱크율이 맞는 편이에요. 최대한 현실 가능한 컷을 그리려고 노력하거든요. 현장에서 촬영을 진행할 때는 특정 장비의 사용 가능 여부가 중요해요. '이 촬영 현장에서는 크레인 장비를 사용하지 못하는데 크레인 컷을 찍겠다고요? 그럼 옥상이 있어요?'라는 질문부터 나오는 거예요. 이에 대한 대책 없이 무작정 부감[3]을 찍고 싶다고 고집부리면 논의에 진척이 없죠. 물론 촬영 감독님의 영역으로 볼 수도 있지만 이런 부분까지 고려해야 콘티에서 버리는 컷이 없어져요.

---

3   부감(Hight angle): 카메라가 피사체보다 높은 데 위치해서 화면에는 위에서 아래를 내려다보는 느낌이 들도록 하는 화면 구성을 의미한다.

그렇다면 작가로서 기존 영화들의 정형화된 공식에서 벗어나 새로운 도전을 추구하는 편인가요?

> 정답은 없다고 생각해요. 특정 장면에서 어떻게 찍으면 나중에 문제가 없겠다는 점을 알고 있지만, 도리어 장면이 재미없어지는 경우가 대부분이에요. 기존 틀에서 탈피하려고 하죠.

이를 위해 타인 또는 다른 작품들을 참고하나요?

> 많이 보고 있어요. 그렇다고 일부러 시간을 내서 레퍼런스를 수집하지는 않아요. 그러면 오히려 집중이 잘 안 되더라고요. 대신 평소에 여러 영화를 봐요. 재밌는 영화를 만들자고 콘티 회의를 하는데 재미가 없으면 어딘가 잘못되고 있는 거예요. 누구도 다음 컷을 생각하지 못하는 순간이 있죠. 이때 '그 영화에 어떤 장면이 있었던 것 같은데?' 하고 떠올려 보면 고민하던 장면의 실마리가 풀릴 때가 있어요. 정확히 그 영화의 장면과 똑같이 진행되지 않더라도 그 장면을 매개로 삼아 다 함께 이야기할 수 있게 되는 거죠. '왜 저 장면은 저 형태로 찍었을까?', '이런 이유에서 저렇게 찍지 않았을까요?' 하는 식으로 풀어가요.

일반 영화 관객의 관점에서 글 형태의 시나리오를 그림 형태의 콘티로 옮기는 작업이 그리 어렵지 않은 작업으로 보였는데, 생각보다 세세한 고민이 필요한 작업이군요.

    쉬운 예시를 들어 볼게요. '예쁜 여자' 하면 어떤 배우가 생각나세요? 어떤 사람은 송혜교 씨를 떠올리고 또 다른 사람은 김태희 씨를 떠올릴 수 있어요. 그런데 시나리오에는 '예쁜 여자가 나타났다.'라고만 쓰여 있어요. 모든 사람이 동일하게 떠올리는 '예쁜 여자'라는 존재는 없어요. 개인의 선호에 따라 다 다르죠. 시나리오의 한 문장을 읽더라도 감독님의 생각이 다르고 촬영 감독님의 생각이 달라요. 결국 합의가 안 되는 거죠. 시나리오는 이렇게 구성되어 있어요. 제 역할은 그 간극을 좁히는 작업이에요. 제가 콘티를 그릴 때 긴 머리의 여성을 그리고 사람들에게 보여 줘요. '긴 머리의 여성을 원하세요?'라고 물어보며 합의를 하는 거죠. 이 지점이 콘티의 영향력이라고 생각해요. 모든 사람이 준비하는 과정을 직관적으로 볼 수 있다는 점. 그럼에도 저 역시 잘못 그릴 때가 있어요. 타인의 의견을 제대로 받지 못한 거죠. 매번 작업하며 느끼는 거지만 참 어려워요.

여럿이 함께 콘티 회의를 할 때 합의를 도출하기 위한 의사소통에도 많은 에너지가 소모되겠어요.

대부분의 콘티 작가가 비슷한 도구를 사용하고 있을 거예요. '모바일큐브'라는 액정 태블릿을 사용해요. 큰 모니터와 연결해 놓죠. 태블릿에 그림을 그리면 모니터에 보이는 형식이에요. 그리고 눈앞에서 바로 그리면서 이야기해요. 여러 사람의 눈앞에서 실시간으로 그림을 그리니까 직관적이에요. 이야기가 더 빠르게 진행되죠.

시나리오를 읽었을 때 아무도 발견하지 못했던 문제점이 발견되기도 해요. 예를 들어 특정 인물이 장면마다 갑자기 순간이동되어 있는 경우가 있어요. 낮과 밤 등 시간이 엉켜 있을 때도 있고. 그때는 화이트보드를 동원해요. 시간 순서대로 동선을 확인하죠. 글로 읽었을 때 안 보이던 오류가 하나씩 발견돼요. 큰 오류가 아닌 경우도 있지만 소소한 오류 하나를 발견하는 것도 감독님에게 굉장히 큰 힘이 되죠. 도박장에서 촬영하는 장면은 '햇빛도 안 들어오고 시계도 없으니까 대충 넘어가자.'라고 농담처럼 이야기할 때도 있지만 오류를 알고 있는 것과 모르는 것은 차이가 크거든요. 영화라는 작품은 예산, 장소 선정, 배우 일정 등 복합적인 문제가 발생하기 때문에 오류가 있더라도 밀어붙여야 할 때가 있지만 최대한 논리적인 오류를 줄여가려고 해요.

문제가 발생하는 경우 촬영 현장에서 콘티를 그려야 하는 일도 발생한다고 들었습니다.

저는 거의 없었어요. 경력 초창기에 해본 적이 있는데 독립하고 나서는 한 번도 없었어요. 앞서 말했듯이 기존 시나리오의 오류를 발견하지 못했기 때문에 발생하는 상황이에요. 어떤 문제가 있었는지 아무도 몰랐던 거죠. 인지했으면 미리 수정했을 텐데.

영화 한 편을 120분 분량이라고 가정했을 때, 스토리보드는 총 몇 컷으로 구성되나요?

요즘은 평균 1,800컷 정도 나와요. 액션씬이 들어가면 2,000컷이 넘어갈 때도 있고. 적어도 한 편당 1,500컷 이상은 나와요. 작업할 때는 대략 2,000컷을 그린다고 생각하고 시작해요. 완성하고도 수정하는 경우가 생기니까.

이렇게 열심히 그린 콘티북을 토대로 실제 촬영이 진행되죠. 그런데 정작 촬영 현장에서는 콘티대로 진행되지 않는 경우도 있다고요.

콘티는 콘티 작가만 그리는 것이 아니에요. 저는 회의에 참여해서 콘티뉴이티[4]에 대해 이야기하고 촬영은 촬영 감독님이 전적으로 진행해요. 제 그림 실력을 떠나서 콘티와 다르게 촬영했을 때는 나름의 이유가 있는 거죠. 드론을 날려서 촬영하기로 했는데 기후가 악화돼서 못 찍을 수도 있어요.

사실 콘티에 그려진 A컷 대로 찍으려고 했는데 그대로 찍지 못했다면 기획 단계에서 문제가 있었을 가능성이 높아요. 'A컷 대로 찍을 수 없다.'라는 이야기가 사전에 논의됐다면 CGI 처리와 같은 대안이 나왔을 거예요. 아까 언급했던 문제점과도 맞닿아 있어요. '넓은 도로를 달려가고 있다.'라는 문장이 있을 때, 누

---

4 콘티뉴이티(Continuity): 영상 구성에 있어 장면과 장면을 이해하기 쉽고 부드럽게 연결하여 하나의 일관된 흐름을 갖게 하는 작업을 의미한다. 콘티뉴이티 작업을 통해 만들어진 결과물을 통상 콘티라고 부른다.

군가에게는 아이 레벨[5]의 4차선 도로일 수 있지만 다른 사람에게는 하늘에서 바라본 한강 다리일 수 있는 거예요. 이런 의견 차이가 발생했을 때 'CGI로 처리하자.'라든가 '이 장면은 어떤 수단을 사용하더라도 꼭 찍자.'라는 합의가 이뤄져야 해요.

돌발상황이라는 변수를 제외하면 결국 '콘티대로 촬영하지 않았다'라는 말은 부정적인 의미겠네요.

맞아요. 뭔가 문제가 있어서 못 찍은 거예요. 좋은 평가를 받지 못한 영화의 경우 영화를 연출한 감독, 촬영한 촬영 감독, 콘티를 그린 콘티 작가 각 한 사람만의 문제가 아니라고 생각해요. 저는 연출 단계에 속해서 작업 과정을 모두 지켜볼 수 있잖아요. 특정 장면은 '감독이 본래 표현하고 싶었던 형태가 아니었겠다.'라는 생각을 하기도 해요. 촬영 현장에 나갔을 때 현실적인 문제로 어쩔 수 없이 선택한 장면인 거예요. 그 문제점을 미리 알지 못했거나, 알고 있었더라도 그

---

[5] 아이 레벨(Eye level): 대상을 눈높이에서 바라본 장면으로, 일반적인 눈높이에서 피사체를 사실 그대로 보여줄 때 사용하는 촬영 기법을 말한다.

대로 진행할 수밖에 없는 상황이었겠죠. 어떤 감독이 완성도가 낮은 작품을 만들고 싶겠어요.

조금 다른 측면에서 질문을 드려 볼게요. 기획 단계에서 합의가 잘된 콘티대로 촬영한 작품과 작품의 흥행성 사이 어떤 연관성이 있다고 보시나요? 직접적인 인과관계가 있다고 보기는 힘들 것 같은데요.

제가 독립한 후에 작업한 영화가 30여 편이에요. 그중 손익 분기점을 넘기지 못한 영화는 세네 편 밖에 없었어요. 적어도 80% 이상의 작품은 욕먹지 않고 잘 넘어갔죠(웃음). 제 경험으로만 보면 좋은 콘티가 좋은 영화를 만든다고 말할 수 있지만, 다른 영화들을 보면 또 그렇지만도 않더라고요. 물론 흥행작을 작업한 콘티 작가 대다수가 제가 이름 정도는 알고 있는 분들이에요. 이를 토대로 유추해 보면 콘티 작가의 실력과 작품의 흥행에 어느정도 관계성이 존재한다고 봐요. 여러 작품을 작업하다 보면 '이 영화는 적어도 욕은 안 먹겠다.'라고 생각들 때가 있거든요.

본인의 작업했던 작품 중 그런 생각이 들었던 영화가 있나요?

몇몇 있었어요. 작업하면서 '꽤 재밌는데?'라고 생각

이 들 정도로. 예전부터 오랫동안 함께 일해온 감독님이라 티격태격하며 논쟁을 벌이기도 했죠(웃음). 이런 경우도 있었어요. 영화 중반쯤 여배우 두 명이 상처 난 손을 치료하는 장면이 있었는데 원작에서는 주방이 배경이었어요. 그런데 우리나라 정서상 맞지 않겠다는 생각이 들더라고요. 그래서 화장대 앞으로 바꿨어요. 여자들끼리 있을 수 있는 공간이 필요하지 않겠냐고 의견을 냈죠. 장면이 예쁘게 나오기도 하고 거울을 이용할 수 있으니까. 그랬더니 감독님이 '그럼 여배우를 쭉 따라가면서 촬영하는 게 좋겠다.'라고 의견을 덧붙이셨어요. 그렇게 그 장면은 원테이크[6]로 촬영했어요.

또 다른 작품 사례도 들어 볼게요. 교도소에서 주인공의 부하가 배신하는 장면이었어요. 우선 영화 <케빈에 대하여(We need to talk about Kevin)>를 같이 보면서 조명에 대해 이야기를 나눴죠. 사실 <케빈에 대하여>에 사용된 조명은 구현하기 어려운 조건이거

---

6 원테이크(One take): 한 번의 촬영으로 해당 장면을 모두 담아내는 촬영 기법을 의미한다.

든요. 이런저런 논의를 하다가 결국 '비가 내리는 장면이면 좋겠다.'라고 말씀하시더라고요. 가끔씩 뜬금없이 비가 내리는 영화가 있는데 영상미를 고려하지 않았다면 그 비는 계획되지 않은 비예요. 비를 내리는 장면을 위한 촬영 비용이 1,000만 원 남짓 소요되는데 계획 없이 진행하면 문제가 있는 거죠. 이렇게 비가 내리는 상황과 조명에 대한 논의를 통해 장면을 완성했어요.

한 장면을 구현하기 위해 여러 번 논의가 진행되는군요.

그렇죠. 장면 속 시간에 대한 이야기를 많이 하는 편이에요. 이 장면에서는 낮이 좋을지, 밤이 좋을지. 시간 구성에 어긋나지 않는다면 영상이 예쁘게 나오는 편을 선택하는 거죠. 디렉팅과 연출은 감독님의 영역이지만 영상과 촬영은 촬영 감독님이 책임지시니까. 그 합의의 결과물을 그림으로 그려내는 것이 저의 역할이에요.

노을 장면 이야기도 많이 나와요. 자연 상태로 노을 질 때 촬영하지 못하는 상황이라면 제가 레퍼런스 자료를 보여 드려요. 이 장면은 실제로 노을 질 때 찍은 장면이 아니라 D.I[7] 작업으로 구현했다고. 촬영 감독님도 풀샷[8]만 실제로 노을이 질 때 찍고 인물 촬영은 조명 설치해서 따로 찍을 수 있다고 의견을 내시고 합의가 되면 노을 장면으로 그리는 식이에요. 반대로 촬영 감독님이 '난 인공적인 장면 별로 안 좋아해.'라고 하시면 노을 질 때 촬영해야 되고. 사소해 보이는 이런 부분이 참 중요해요. 특히 노을 장면은 우선 화면 앵글부터 달라져요. 노을이 주인공이 되거든요. 거꾸로 빛이 순광이면 인물을 중점으로 화면이 구성되고. 제가 그리는 콘티 결과물도 달라지는 거예요.

스토리보드는 복합적인 사고 과정이 녹아 있는 그림이네요.
제가 한 컷을 그릴 때 A를 고민하고 있으면 감독님은 B를 고민하고 있을 수도 있어요. 배우의 연기나 디렉팅 등. 촬영 감독님은 카메라 위치, 조명 위치를 고민하실 테고. 콘티 작가 입장에서는 서로 다른 부분을 고

---

7 D.I(Digital Color Grading): 최종 편집된 영상에 대해 특정 장면을 원하는 톤으로 수정하거나, 상영관에서 촬영 색감과 동일한 색감으로 상영될 수 있도록 수행하는 전반적인 색보정 작업을 말한다.

8 풀샷(Full Shot): 인물의 전신을 포착한 장면을 말한다.

민하고 있다는 점을 알고 있어야 해요. 제가 뼈대를 잘 잡아가며 콘티 작업을 하면 다른 분들은 더 넓은 범위에서 사고할 수 있어요. 그러면 좋은 회의가 진행돼요. 모두 한 가지만 붙잡고 있으면 회의가 재미없어지죠.

콘티 작가의 전문성에 대해 이야기 나눠 보겠습니다. 작화 실력, 소통 능력, 그리고 기획과 촬영 기법에 대한 이해도 필요해 보여요. 그중 가장 중요한 능력은 무엇일까요?

냉정하게 말씀 드릴 수밖에 없어요. 전문가로 수익 활동을 하기 위해서는 그림 실력이 중요해요. 그림을 그리지 못하는 수준이면 아예 답이 없죠. 경험이 쌓일수록 할 이야기가 생기면서 소통 능력이 어느 정도 늘고 영화 기획과 촬영 기법에 대한 이해 수준도 마찬가지예요. 물론 그림을 잘 그리지 못해도 콘티를 만들 수는 있어요. 제가 가르쳤던 학생들이나 지인들을 보면 간단한 콘티는 그릴 수 있더라고요. 하지만 돈을 받기 위해 그리는 것은 다른 문제예요. 시나리오와 영상을 잘 이해하는 능력도 필요하지만 직업 측면에서 바라봤을 때 그림 실력이 가장 중요하다고 생각해요.

그렇다면 콘티 작가에게 '그림을 잘 그린다'라는 말은 어떤 의미일까요?

    촬영 앵글에 대해 얼마나 잘 이해하고 있냐는 거죠. 왜 이 장면에서 이 각도로 그려야 하는지. 이런 이해를 높이기 위해서는 경험이 필수적이에요. 무엇보다 콘티에는 정답이 없거든요. 작품마다, 감독님마다 특성이 다르기 때문에 정답은 존재하지 않아요. 어떤 선택이 좋은 선택인지 아무도 몰라요. '현장에서 이 장면을 어떻게 촬영하겠다는 거지?' 의아해도 결과가 잘 나올 수 있어요. 콘티를 그리면서 정말 좋은 장면 나오겠다 싶은 장면도 결과가 나쁠 수 있고요. 하지만 정답은 없어도 오답은 존재해요. 영화 업계에 계신 분들이라면 이 말을 십분 공감할 거라고 생각해요. 인물에 집중해야 하는데 다른 곳에 초점이 맞춰진 콘티, 인물 사이의 관계처럼 설명해야 할 배경을 충분히 설명하지 못하고 넘어간 콘티가 대표적이죠. 그 오답만 피해도 좋은 콘티가 완성돼요.

예를 들어 볼게요. 등장인물 두 명이 엄청 친해 보였는데 갑자기 '너 옛날에…'라는 대사가 나오면서 둘 사이에 이상한 기류가 흘러요. 이와 동시에 한 명의 시선이 다른 한 명의 몸에 있는 흉터 자국으로 옮겨 가요. 관객 입장에서는 '이 사람이 다친 이유가 저 사람 때문인가?'라고 유추를 하게 되죠. 이에 대한 설명 없이 글로 표현된 시나리오를 무작정 따라가는 경우가 있어요. 잘못된 콘티죠. 현장에서 촬영 감독님이나 미술 감독님이 표현하고 싶은 부분을 정리해서 그려야 되기도 하지만 이야기 안에 있는 메타포[9]를 찾지 못하면 좋은 콘티라고 하기 어려워요.

이미 개봉된 작품을 거꾸로 콘티의 형태로 그리는 연습이 도움될 수 있겠네요.

제가 학생들을 가르칠 때 사용하는 방법이에요. 실제로 도움이 돼요. 쉽지 않은 작업이거든요. 이 작업을 해내는 학생들이 있더라고요. 한 장면이라도 그 안에 정말 많은 요소가 들어가 있어서 그래요. 얼굴을 비춘 간단한 장면이더라도 배우의 감정이 표정으로 표현되고 있고, 감정에 맞는 구도로 촬영됐고, 이에 맞는 조명도 설치되어 있을 테고, 그 뒤에 배경도 있어요. 특

---

[9] 메타포(Metaphor): 직접적인 의미보다는 형식에서의 의미에 치중하여 닮지 않은 두 요소를 암시적으로 비유하는 방법을 의미한다.

히 어떤 배경인지에 따라서 표현하고 싶은 의미가 달라지거든요. 정보량이 정말 많기 때문에 하나의 장면이라도 이해하기가 쉽지 않죠.

유명한 할리우드 감독들의 작품은 장면당 제작비가 3,000만 원인 경우도 있어요. 만약 2,000컷으로 구성된 영화 한 편에 100억 원의 예산이 사용되면 장면당 500만 원인 거예요. 500만 원짜리 작품을 베껴 그리는 연습인 거죠. 그만큼 많은 정보가 있다는 사실을 알고서 연습해야 돼요.

특별히 그리기 까다로운 장면이 있나요?
　액션씬이요. 시간이 오래 걸려요. 장면 앵글이 계속 동적으로 변하기 때문에 그래요. 힘들긴 한데 재미있어요. 일반적으로 사건이 많이 발생하거나 사람이 많거나 움직임이 많으면 그리기가 어려워요.

미국의 할리우드 등 영화 산업의 규모가 큰 시장의 콘티 작가군과 비교해 봤을 때, 우리나라 콘티 작가의 직무 또는 작업의 상세함에 차이가 있을지 궁금합니다.
　상세함의 정도가 실력을 의미한다면 해외 작가들의

실력이 우리나라 콘티 작가들의 실력보다 크게 뛰어나다고 보지 않아요. 다만 작업을 진행하는 과정이 다르죠. 작품이나 감독의 성향에 따라 다르겠지만 할리우드의 콘티 작가는 감독들과 함께 회의를 진행하지 않는 경우가 많거든요. 그들만의 시스템이 있고, 그걸 우리나라에 억지로 접목하려고 노력할 필요는 없어요. 시장의 규모나 구조가 다르기 때문에 시간 대비 효율성이 맞지 않거든요.

예를 들어 중국 영화계가 구축하려는 시스템은 한국 시스템이 아니라 할리우드 시스템이에요. 산업의 규모가 한국과 다르잖아요. 덕분에 우리나라 스태프가 중국 작업 현장에 가서 당황하는 경우가 많죠(웃음). 한국에서 부르는 PD와 할리우드에서 부르는 PD의 개념이 달라요. 스크립터[10]의 개념도 다르고요. 할리우드에서는 스크립터가 막강한 권한을 가지기도 해요. 우리나라에서 흔히 말하는 스크립터는 콘티 정리, 정보 취합 등의 작업을 완료해서 감독님에게 전달해

---

[10] 스크립터(Scriptor): 촬영 현장의 매 촬영에 입회하여 스크립트대로 촬영하는지를 확인하고 그 내용을 기록하는 사람을 말한다.

주는 분들이거든요. 미국에서는 감독이 특정 장면을 촬영하지 않거나, 필요 없는 장면을 촬영하려 할 경우 스크립터가 제지할 수 있어요. 우리나라에서는 영화사가 시나리오를 개발하고 투자를 받아서 작품을 만들지만 미국에서는 투자사가 직접 개발하고 인력을 뽑거든요. 그래서 감독 눈치 안 보고 스크립터가 의견을 제시할 수 있는 거예요. 이렇게 시스템이 다르기 때문에 단순 비교를 하기 어려워요. 서로 환경에 맞는 독자적인 길을 걸어왔죠.

이번에는 작가 개인에게 초점을 맞춰 보겠습니다. 콘티 작가로 일하며 직업 특성상 불편함을 느꼈던 부분은 없었나요?

사실 저는 피부로 느끼지는 못하고 있어요. 제 주변에 콘티 작가라고 할 수 있는 친구도 한 명 밖에 없기 때문에 여러 작가의 이야기를 듣지도 못했고. 물론 이제 막 콘티 작가로서 일을 시작하는 친구들은 어떨지 모르겠어요. 그 친구들의 이야기를 들을 기회가 없어요. 콘티 작가들끼리 모이는 커뮤니티가 있는 것도 아니라서 이야기를 듣기 더 어렵죠.

제 개인적인 경험을 토대로 봤을 때는 큰 불편을 못 느겼어요. 협의가 가능한 부분은 조율이 가능하거든요. 경력 초창기에는 오후 세 시에 만나서 새벽이 되도록 회의가 진행됐던 적도 있지만, 요새는 그런 일은 절대 없어요. 오전 열한 시쯤 출근해서 회의하고 저녁 여섯 시면 끝나요. 그렇게 한 달 정도 회의를 진행하고 이후에는 콘티를 그리는 거죠. 물론 추후에 수정 작업을 해야 할 경우도 생기지만 큰 불편을 느껴본 적은 없어요.

여러 작품을 동시에 작업하는 경우도 있나요?

아뇨. 적어도 지금 저는 그렇게 작업하지 않아요. 하지만 가능하긴 해요. 예전에 1년 동안 일곱 작품을 작업해 본 적이 있거든요. 당시 제 몰골이 말이 아니었어요(웃음). 폐인 수준이었죠. 그리고 중간중간 변동 사항이 생기면서 일정에 휘둘리는 느낌을 많이 받았어요. 1년에 서너 편 정도가 적정 수준인 것 같아요. 일상에 크게 무리 가지 않는 선이라면. 물론 마감 때가 되면 힘들긴 하지만, 세 달에 한 번 정도면 괜찮아요(웃음).

스토리보드를 하나의 상품으로 봤을 때, 이 상품을 제공하는 공급자가 콘티 작가이고 영화를 제작하는 제작사 또는 투자사가 수요자가 되죠. 현재 콘티 시장의 수요자와 공급자의 균형이 어떻게 맞춰져 있나요?

> 일대일 수준인 것 같아요. 제 경우에는 분기마다 전화가 걸려오는 시기가 있어요. 작품 투자가 이뤄지고 작업이 진행된다는 의미겠죠. 영화는 계속 제작되고 있고 콘티 작가도 일을 계속할 수 있는 상황이에요.

수요와 공급의 균형이 표면적으로 드러나는 부분은 가격, 즉 작업료죠. 작가님이 받는 작업료가 적정선이라는 의미로 이해할 수 있을까요?

> 더 받을 수 있으면 좋겠지만 부족하지는 않아요. 물론 저보다 더 많이 받는 작가님도 계시지만, 그 정도의 작업료를 받는다면 더 많은 요구가 있을 거예요. 하지만 굳이 더 많은 스트레스를 받고 싶지는 않은 거죠.

영화 이외의 다른 분야로 콘티 작업을 확장해 나갈 계획은 있나요?

> 쉽게 결정할 수 있는 문제가 아닌 것 같아요.

생각보다 큰 의사결정이군요.

> 그렇죠. 많이 들었던 이야기 중 하나가 '너 그림도 그릴 줄 알고 글도 쓸 줄 아는데 왜 다른 분야에서 콘티

작업 안 해?'였어요. 그렇게 쉬운 문제가 아니거든요. 그동안 겪어보지 못했던 시스템에 들어가야 하는 거예요. 예를 들어 볼게요. 두 사람 모두 달리기도 잘하고 점프력도 좋아요. 그런데 한 명은 농구 선수고 다른 한 명은 축구 선수예요. 농구 선수에게 '너 달리기도 잘하고 점프력도 좋으니까 축구 선수로 뛰어도 되잖아.'라고 말하는 것과 비슷해요. 저도 다른 분야에 대해 알아보고, 시도해 보려고 노력했는데 그림 그리는 능력이 있다고 해서 갑자기 분야를 바꿀 수 있는 건 아니더라고요. 제가 '그래. 영화 콘티 작가는 여기까지만 하고 다른 분야로 넘어가 보자.'라고 마음을 단단히 먹지 않는 이상 어려워요.

작가로서 오랜 기간 활동했다 보니 본인만의 그림체 등 여러 작업 과정이 체계화되었을 듯합니다. 추가적으로 창의력을 계발하거나 그림 실력을 높이기 위해 노력하는 부분이 있나요?

우선 요즘 작업들이 3D 형태로 진행되기 때문에 '스케치업(SketchUp)'과 같은 프로그램을 익히려고 노력해요. 그 프로그램을 사용해서 미술팀과 협업을 하기도 하니까. 그리고 창의력이나 그림 실력을 향상시키는 노력은 평소에 하고 있어요. 일상적으로 하는 작업들이 연습이에요. 계속 그림을 그리고 있으니까. 짧은 시간 안에 그림의 퀄리티를 높이는 연습을 하는 거죠. 필연적으로 그림을 잘 그리게 되더라고요.

처음 콘티 작업을 시작한 15년 전과 현재 시점을 비교해 봤을 때 마음가짐에 변화가 있는지 궁금합니다.

앞서 이야기 나눴던 '영향력'이라는 주제와 일맥상통하는 내용인데요. 어떻게 하면 사람들이 콘티를 더 믿게 할 수 있을지에 대해 고민하고 있어요. 콘티는 아직 패스파인더(Path finder) 역할을 하고 있지, 다른 이들을 이끄는 단계까지 이르지는 못했어요. 리더십이 없어요. 물론 그 역할은 감독님이 맡고 있긴 하지만 조금이나마 콘티 작가가 리더십을 가질 수 있는 조건이 무엇인지 찾는 단계예요. 처음에는 그림의 퀄리티를 높이면 될 거라 생각했는데 여전히 부족해요. 우리나라 콘티 작가들이 패스파인더로서의 역할은 충분히 잘하고 있는데 리더가 되는 개념은 아예 다른 차원이죠.

제 경력 초창기에는 '콘티 왜 그려야 해?'라는 말을 많이 들었어요. 지금은 '일단 콘티는 그려야 돼.'로 변했죠. 패스파인더의 필요성을 느낀 거예요. 이제는 현장에서 '왜 콘티대로 안 찍어?'라는 소리가 나와요. 콘티가 필요한 것은 인지했지만 콘티의 영향력을 더 넓혀야 하는 상황이죠. 저 혼자만의 문제는 아닌 것 같아요.

작업했던 영화 중 가장 애착이 가는 작품은 무엇인가요?
참 어려운 질문인데요. 없어요. 사실은 모든 작품에 애착이 가서 뭐 하나 뽑아내기가 힘들더라고요.

그렇다면 가장 작업 기간이 길었던 영화는 무엇이었나요?
<1987>, <군도>, <역린>이에요. 오래 걸린 이유는 간단해요. 인물이 많거든요. 인물이 많다는 말은 인물 각자의 이야기도 많고 그들이 등장하는 장소도 많아진다는 의미예요. 장소가 많아지면 각각의 배경에 대해 관객들에게 설명해 줘야 하는 장면도 많아지거든요. 영화의 상영 시간이 길다는 개념과는 달라요. <신세계>나 <악인전>은 주인공이 세 명이잖아요. 그런데 <1987>은 김윤석, 하정우, 유해진, 김태리, 박희순, 이희준까지 주인공이 여섯 명이고 강동원, 여진구, 설경구, 문소리, 우현, 고창석, 오달수, 문성근 등 특별출연

과 조연까지 합치면 인물 수가 엄청 늘어나요. 반면 로맨틱 코미디의 경우 주요 인물 수가 확실히 줄어요. 게다가 그 장르에서는 주인공들이 대화만 하거든요. 과장해서 움직이는 장면이 없어요. 이야기하거나 산책하거나 술 취해서 쓰러지거나(웃음).

의사소통을 위한 도구는 말, 글, 그림, 제스처 등 여러 가지가 있죠. 다양한 도구 중 어떤 방식을 선호하나요? 그림을 그리는 작가님께 물어보고 싶었던 질문입니다.

무조건 그림이요(웃음). 한 번은 외국인 스태프와 회의를 했던 적이 있어요. 근데 통역해 주기로 했던 분이 안 온 거예요. 어떻게 회의를 진행할지 고민하다가 제 태블릿 PC를 모니터와 연결했어요. 회의하는 두 시간 동안 그림을 같이 보며 'This. Here. That. Her. He.'와 같은 대명사와 'Okay. No.'만으로 모든 의사소통을 끝냈어요. 그분이 가장 많이 뱉은 단어는 'Stop.'이었고, 저도 그림을 그리다가 수정할 부분이 생기면 'Stop.'을 외쳤죠. 그리고 수정한 그림이 괜찮으면 'Okay.' 하고 넘어가는 식이었어요(웃음). 물론 상세한 시나리오 이야기가 아니라 트래킹[11], 붐업[12], 팬[13]과 같은 간단한 용어들만 사용해도 대화가 가능한 회의였지만 그림의 힘을 체감할 수 있었죠. 그림은 만국 공통어잖아요.

콘티 작가라는 직업을 더 깊게 알고 싶은 이들을 위해 추천하고 싶은 자료가 있나요?

찾아보려고 했는데 정말 없더라고요. 저도 그런 자료들로 공부해 본 적이 없어요. 오히려 예전에는 영화의 메이킹 필름[14]을 구하기가 정말 힘들었는데 요새는 유튜브만 들어가도 많잖아요. 완성된 장면이 어떤 과정을 통해 촬영됐는지 파악하는 노력이 중요해요. 어찌됐든 그 장면을 그려야 하는 입장이니까. 그런 자료를

---

[11] 트래킹(Tracking shot): 움직이는 연기자를 따라 움직이는 트랙이 있는 탈 것이나 이동차 위에 고정된 촬영기에서 촬영한 장면을 말한다.

[12] 붐업(Boom up shot): 크레인을 사용하여 움직이면서 촬영한 장면을 말한다.

[13] 팬(Pan shot): 카메라 헤드를 좌우로 움직이며 촬영한 장면을 말한다.

[14] 메이킹 필름(Making film): 영화 제작 뒷이야기를 다큐멘터리로 엮은 영상을 말한다.

찾아보는 편이 더 도움이 된다고 봐요.

조금 더 나아가 콘티 작가를 진로로 고민하는 이들에게 꼭 해주고 싶은 조언이 있다면 무엇인가요?

아까 말했듯 콘티에는 정답이 없어요. 그런데 가끔씩 주위에 본인이 정답이라고 생각하는 분들이 있어요. '이 장면에서는 이렇게 해야지.', '왜 그렇게 그려?'라고 말씀하시는데 콘티 작가로서 가장 하면 안 되는 말이에요. 해당 작품에 필요한 조건을 이해하고 감독님이 표현하고 싶은 부분을 파악해서 이에 맞는 그림을 그려내야지, 좋은 것들을 다 갖다 붙인다고 해서 좋은 콘티가 되는 것은 아니거든요. 이런 맥락 때문에 서비스업의 태도를 갖춰야 하는 측면도 있어요. 물론 의견을 개진하며 싸워야 할 때도 있지만 기본적으로 연출가의 생각이 무엇인지 먼저 알아야 해요.

그림 실력은 필수예요. 그다음은 같은 시간 안에 얼마나 밀도 있게 작업하는지가 중요해지죠. 작품 한 편당 2,000컷을 그린다고 하면 회의 기간을 제외하고 10주 안에 어떻게든 완성해야 돼요. 실제로 따져 보면 작업 기간은 더 짧아요. 그 기간이 두 달이라고 가정하면 한 달에 1,000컷, 하루에 30컷을 그려야 돼요. 제가 하루 종일 아무것도 안 하고 그림만 그리면 하루에 100컷 그리거든요. 그만큼 빠른 속도를 갖춰야 해요. 한 컷 한 컷에 집중하는 분들은 진로를 잘못 선택한 거예요. 콘티의 목적은 빠른 시간 내에 중요한 정보를 표현하기 위함이라서. 저도 버거울 때가 있어요.

그다음으로 목적을 확고히 하는 것이 중요해요. 다른 사람들은 수익에 대한 만족감이 어떤지 모르겠지만 돈은 언제나 모자라잖아요. 저도 풍족하지는 않지만 부족하지 않을 만큼 돈을 벌기 시작한 시기가 독립하고 나서 몇 년이 지난 시점이에요. 따라서 경력 초반에는 한 작품을 하더라도 재미있게 하는 것이 가장 중요하죠. 어떤 목적을 갖고서 작업할 것인가. 만약 연출가가 되고 싶다면 콘티 작업을 한 번쯤 해보기를 추천해요.

작가님도 콘티 작업을 진행하며 그림 실력뿐 아니라 촬영 구도나 글에 대한 이해도도 향상됐을 텐데, 연출에 대한 욕심을 내본 적은 없나요?

물론 감독이 어마어마한 부와 명성을 가져가죠. 알고 있어요. 그런데 그분들과 십 년 넘게 함께 일하며 지켜보니 잘된 감독님보다 망한 감독님이 더 많더라고요. 같이 작업했던 CG 회사에 놀러 갔을 때 친한 팀장님이 '영웅아, 네 뒤에 있는 DVD들 둘러봐.' 하시더라고요. 우리나라에서 개봉된 영화 DVD가 다 있더라고요. 그러더니 '저 작품들 만든 감독이 몇 명이게?' 하셔서 다시 살펴보니 제가 아는 영화 감독님은 서른 명도 채 안 됐어요. 개봉한 작품들이 그 정도이고 감독을 준비하는 사람들 수는 그보다 훨씬 많겠죠. 저도 연출에 대한 꿈이야 갖고 있지만 아직은 힘든 도전이라고 생각해요.

현재 시점에서 콘티 작가를 어떤 직업으로 정의하고 싶나요?

그림도 그릴 줄 알고 글도 이해하는 다재다능한 사람이지만 아직 미완성인 존재가 콘티 작가인 것 같아요. 그래서 오히려 파생될 가능성이 많을 수밖에 없는 직업. 저의 선배 콘티 작가분이 거의 없기 때문에 가지는 고민이기도 해요. 어느 순간 제가 이 분야의 베테랑이 되어 있더라고요. 예전에는 당당하게 전문가라고 이야기했는데 지금은 쉽게 말하기 어려워요. 아직도 고민 중이에요.

영화를 제작하는 일원 중 한 명으로서 본인의 작업을 통해 사회에 어떤 가치를 주고 있다고 생각하나요?

코믹 영화면 재미를 줘야 하고 액션 영화면 카타르시스를 줘야 하고 스릴러 영화는 공포를 줘야 하잖아요. 사회적 이슈를 다룬 영화는 깊이가 있어야겠죠. 영화는 '각인(刻印)'이라고 생각해요. 갇힌 공간에서 한정된 시간 동안 한 편의 영화를 반드시 봐야 하는 경험이 잖아요. 영화가 가지고 있는 힘이라고 생각해요. 그래서 영화는 정치적이어도 된다고 생각하기도 하고. 좋은 영화를 통해 사람들 마음에 전하고 싶은 의미를 각인한다고 봐요.

앞으로 국내 영화 업계에서 콘티 작가라는 직군이 어떤 형태로 발전하게 될까요?

현재 활동하는 콘티 작가들 모두 콘티북을 완성하느라 엄청 고생하고 있어요. '더 어떻게 잘할 수 있지?'라는 생각이 들 정도로. 그 짧은 시간 안에 감독님과 회의하면서 수십 컷을 그려내는 사람들이 대한민국 콘티 작가들 말고 또 있을까요. 앞으로 그림이 더 좋아질 수도 있고, 작업 속도가 더 빨라질 수도 있겠지만 이미 지금의 작가들이 완성된 형태를 갖추고 있어요. 다만 이런 모습과 별개로 시스템을 만들지 못한 것이 아쉽죠.

가상현실 등 기술의 발전이 콘티 작업에 미치는 영향도 상당할 것 같습니다.

당장 현장에서 적용하기에는 무리가 있어요. 가상현실 기술을 사용한다고 하더라도 감독님은 촬영 현장에 가봐야 해요. 가상현실 기술의 완성은 실제 현장을 가보지 않고도 'Okay.'라고 할 수 있어야 가능해요. 지금의 기술은 조금 더 편리해진 수준이에요. 아직까지는 가볍게 여기는 분위기가 있어요. '오 신기하다.' 하고 마는 거예요. 그럼 기존 방식과 다를 것이 없죠. <해적>을 작업할 때도 가상현실 기술을 사용해서 진짜 해적선이 있는 것처럼 구현했어요. 그렇다고 해서 해적선을 만들지 않는 것도 아니에요. 세트부터 다 만들어야 해요.

콘티 작업을 기술로 해결하려고 해도 비슷한 상황이 생겨요. 앞서 이야기 나눴던 예쁜 여성의 기준을 마련하는 것, 동선 옮기는 것 등을 프로그램에 입력하는 것보다 제가 그리는 속도가 더 빨라요. 직접 그리면서 '동선은 이렇게 하면 되지 않아요?' 물어보고 바로 수정하는 것이 더 효율적이죠. 그래서 저는 회의적인 의견이에요. 게다가 시나리오는 오랜 기간에 걸쳐 만들어진 구조가 있는 반면, 콘티는 아직까지 구조가 있다는 생각은 안 들거든요. 몇몇 문법으로 완성되는 쉬운 작업이 아니니까요. 콘티 작업이 발전한다면 작가 개인 역량의 발전이지 기술의 발전은 아니라고 봐요.

콘티 작가 관점에서 잘 만들었다고 생각하는 영화를 추천해 주세요.

80년대부터 90년대에 등장했던 할리우드 로맨틱 코미디 영화를 추천해요. <시애틀의 잠 못 이루는 밤(Sleepless in Seattle)>, <해리가 샐리를 만났을 때(When Harry Met Sally...)>와 같은 영화들. 이유는 하나예요. 걸리는 컷이 한 컷도 없어요. 100% 장담하는데 낭비하는 장면이 없어요. 정말 교과서처럼 잘 찍었어요. 지금의 영화들은 이런저런 멋을 부리는데 그때 영화들은 기본 요소를 가지고서 정확한 동선을 만들어 찍었죠. <시애틀의 잠 못 이루는 밤>은 CGI를 거의 사용하지 않았기 때문에 그 장면들이 나올 수밖에 없었던 거예요. 촬영 후 CGI 처리로 무마할 수 있는 여지가 없었던 거죠. 그때 영화들이 콘티를 공부하는 데에는 정말 훌륭한 자료예요.

PERSON 02

영화 콘티 작가는
그림에 정보를 담는다

정상용

PERSON 02
정상용

그동안의 경력을 포함하여 자기소개 부탁드립니다.

정상용이라고 합니다. '영상인'이라는 광고회사에서 일을 시작했어요. 박명천 감독, 용이 감독과 함께 일했는데 차은택 감독님이 당시 조감독이었어요. 조연출 막내부터 시작해서 스토리보드를 그리기 시작했죠. 제가 계원예고, 계원예대를 졸업했는데 대학교 진학 전까지 일러스트레이터가 꿈이었거든요. 촬영 나가기 전 촬영 콘티를 만드는 것도 자연스럽게 받아들였어요. 작업을 계속하면서 콘티는 어떻게 구성해야 하는지, 어떤 촬영에는 어떤 그림이 있어야 하는지, 콘티뉴이티가 어떻게 짜여야 하는지 본격적으로 공부했어요.

어떤 계기로 전문 콘티 작가가 되었는지 궁금합니다.

98년에 대학을 졸업하니 IMF 사태가 발생하고 취업난이 된 거예요. 군대 가기 전과 후에 광고회사에서 조감독 생활을 했음에도 정작 졸업한 후에 내가 어떤 일을 하고 싶은지에 대한 방황이 있었어요. 광고회사에서 계속 감독을 할 수도 있었겠지만 제가 기대했던 것

만큼 창의적이지 않았어요. 당시만 해도 해외 광고를 많이 베껴왔거든요. 물론 단순한 겉모양이 아니라 본질을 베끼는 것은 어려운 작업이긴 했지만.

계속해서 진로를 고민하던 중에 지인 형이 운영하던 비디오방에 우연히 놀러 가게 됐어요. 지금은 시나리오 작가이신데 친구들끼리 소위 '또라이'라고 불렀던 형이에요. 그분 비디오방에 가면 우리나라에서 상영되지 않은 영화들을 볼 수 있었거든요. 영화를 보러 놀러 갔는데 한국 영상 자료원[1] 홍보팀에서 디자인 작업할 것이 생기면 같이 일해 보자는 제안을 주더라고요. 그렇게 한국 영상 자료원에서 영화 관련 일을 다시 시작하게 됐어요. 다양한 영화를 더 깊이 있게 보기 시작한 시기예요. <링>과 같이 국내에 소개가 안 됐던 영화들을 처음 들여와서 번역하고 배급하기도 했거든요.

그러다 어느 날 '씨네 21'에서 <시월애> 연출부를 모

---

[1] 한국 영상 자료원(Korea Federation of Film Archives): 국가 차원에서 영상자료를 수집하고 보관하기 위해 설립된 문화체육관광부 산하의 문화서비스 공공기관을 말한다.

집하는 거예요. 정확히는 <달콤, 살벌한 연인>을 만든 손재곤 감독이 일해 보라고 권해줬어요. 시네마테크에서 함께 지내던 한량들 중 한 명이 재곤이 형이었거든요(웃음). 여차저차 제가 뽑히게 돼서 1999년 10월부터 영화 제작을 시작했어요. 제주도를 오가며 아주 빡빡한 일정으로 제작했던 기억이 있어요.

그렇게 첫 작품을 마치고 영화 공부를 더 해야겠다는 생각으로 미국 샌프란시스코에 있는 AAU[2]에 입학하기 위해 준비를 시작했어요. <시월애>에서 조감독으로 일하시고 <오케이! 마담>, <날, 보러와요>를 제작하신 이철하 감독님이 공부했던 학교예요. 그런데 갑자기 일이 들어오기 시작하는 거예요. 그 당시 많지 않았던 '스토리보드 작가'라는 이력이 생기다 보니 작업 의뢰가 한두 편씩 들어오는 거죠. 어떤 감독님을 만나도 '스토리보드가 뭐니?', '콘티 작업은 어떻게 해야 하는 거니?'라고 물어보던 시기였으니까. 압구정에 있는

---

[2] AAU(Academy of Art University): 미국 샌프란시스코에 위치한 예술 특화 대학이다. 애니메이션, 영상, 미술 등 시각 분야 전공 커리큘럼이 우수한 것으로 유명하다.

유학 학원을 등록하고서 다니고 있는 상황이고 일은 계속 들어오니까 주변에 유학 다녀온 분들에게 조언을 구했어요. 유학을 다녀오고 업계에서 자리를 잡기까지 길게는 10년, 짧게 잡아도 6년이라는 시간이 필요하겠더라고요. 조언해 준 분들 대부분 '이것도 좋은 기회이고, 콘티 작업은 다른 사람들이 하고 있지 않으니 일해 봐.'라는 말씀을 주셔서 결국 유학을 포기했어요. 6개월치 학원비를 미리 냈는데 돌려받지도 못하고 2개월 만에 다시 콘티 작업을 시작한 거예요(웃음).

영화 업계에서 콘티를 필요로 하기 시작했던 시기와 흐름이 맞았네요.

맞아요. 당시가 2001년 언저리였는데 콘티 일을 다시 시작하기로 하고 처음 작업한 영화의 감독님이 박찬욱 감독님이었어요. <복수는 나의 것>이라는 작품으로 만났죠. 그때 박 감독님과 일하면서 '영화를 이런 식으로 고민하는 사람이 있구나'라는 인상을 처음 받았어요. 아무래도 1990년대 말부터 <쉬리>라는 블록버스터를 기점으로 한국 영화의 시스템이 크게 바뀌어, 조금 더 새로운 방법으로 영화에 접근할 수 있을지 고민하셨던 것 같아요.

<복수는 나의 것> 제작에서 저는 크게 두 가지 일을 했어요. 저에게 3D 프리 비주얼라이제이션[3] 작업과 현장 편집 작업이라는 두 가지 미션을 주시더라고요. 그리 큰 예산의 영화는 아니어서 3D 작업은 도저히 예산 범위 안에서 감당하기 어려운 상황이었어요. 대신 애니메이션처럼 장면마다 몇 프레임씩 그리는 방식으로 작업해 보겠다고 말씀드렸죠. 애니메틱스[4]라고 2D 애니메이션으로 그리는 작업이었어요. 현장 편집이라는 개념도 아직 국내에서는 시스템으로 구축되지 않았던 시기라 용산에 가서 몇몇 컴퓨터 업체와 만나서 상의를 하면서 만들어갔죠. 당시 장비 비용으로만 800만 원 조금 넘는 수준의 액수가 나왔던 것 같아요.

---

[3] 프리 비주얼라이제이션(Pre-visiaulization): 애니메이션이나 게임의 시각화 제작 과정 중 캐릭터와 물체 등에 움직임을 부여하는 작업을 의미한다.

[4] 애니메틱스(Animatics): 스토리보드의 그림들을 실제 영상 시간에 맞게 편집하여 영상화한 작업물을 말한다. 각 장면의 구도, 움직임, 느낌을 사전에 확인하기 위해 수행하는 작업이다.

뛰어난 감독님과 작품을 만날 수 있었던 한편, 기술적으로나 기획적으로 여러 난관이 있었겠어요.

영화 업계에 발을 들인 지 몇 년 안 돼서 여러 가지 어려운 일을 맞닥뜨리니 많이 힘들었죠. 지금도 그렇지만 예산이 넉넉하게 확보되지 않으면 프리 프로덕션 기간을 3개월도 채 가지지 못했거든요. 더군다나 당시에는 촬영을 위해 섭외한 공간에 감독님, 촬영 감독님과 직접 가서 상세하게 상의하면서 콘티를 만들었어요. 공간이 어떻게 생겼는지, 빛이 어디서 들어오는지, 인물의 동선을 어떻게 잡아갈지, 이 장소의 정서가 어떠한지, 이에 따라 미장센[5]을 어떻게 잡아갈지에 대해 현장에서 직접 논의했죠. 그전까지는 박찬욱 감독님이 글 형태의 콘티를 써서 많은 양의 메일을 보내주셨고 이를 바탕으로 작업했거든요. 모든 내용을 글로 표현하기에는 한계가 있어서 헛갈리는 부분이 많을 수밖에 없었죠. 저와 같이 작업하면서 그림의 형태로 콘티를 다시 만들어갔던 거예요. 그렇게 세세하게 상의하면서 콘티를 짰던 적은 그때가 처음이에요. 그 이후로

---

[5] 미장센(Mise-en-scène): 무대 위에서의 등장인물의 배치·역할 및 무대 장치와 조명 등에 관한 총체적인 계획을 의미한다.

절대 현장 편집은 하지 않아야겠다고 다짐했죠(웃음).

의도를 갖고 스토리보드 작가의 길을 선택했다기보다 자연스러운 기회가 겹치며 다다른 직업이네요.

맞아요. 재밌어서 시작했던 거죠. 제가 연출에 대한 고민이 없고 촬영팀에서 작업해 보지 않았다면 또 몰랐을 거예요. 감독 공부, 미술 공부, 촬영 공부와 함께 현장에서 경험을 쌓으면서 콘티를 어떻게 만들어야 좋을지 자연스럽게 알게 된 거죠. 몇 mm 카메라 렌즈를 사용해야 하는지, 어떤 미장센을 잡아야 하는지, 피사체를 어떤 형태로 잡아야 하는지 실제 콘티로 적용해 볼 수 있어서 재미를 갖고 시작했던 것 같아요.

어떤 경로를 거쳐 콘티 작가가 되었는지 이야기를 들어 봤는데요. 작업해 온 경험을 토대로 영화 콘티 작가의 정의를 다시 한번 명확히 내리고 대화를 이어나가면 좋을 것 같아요.

영화를 시각화하기 위해 여러 정보를 그림으로 구성하는 사람이라고 보면 맞을 것 같아요. 다만 콘티 작가는 그림만 잘 그려서는 안 돼요. 기본적으로 남들보다 빠르게 그릴 수 있어야겠죠. 그리고 기호(記號)를 잘 다룰 줄 알아야 해요. 카메라의 움직임, 인물의 동선 등에 대해 다른 스태프들이 쉽게 이해할 수 있도록 그림을 그려야 하거든요. 등장인물 두 명이서 대화하는 일반 드라마 장르 콘티라면 크게 무리가 없어요. 자세하게 그림을 그리지 않고 인물들을 몽달귀신처럼 그려 놓아도 누가 누구인지, 어떤 상황인지 쉽게 알 수 있죠. 그 이외의 장면들은 상세하게 해당 상황을 묘사해 줘야 해요. 카체이싱[6] 장면이라고 하면 카메라가 자동차 안에 있는지 밖에 있는지, 앞뒤 장면과 어떻게 이어지는지 등을 모두 고려해야 제대로 된 콘티를 그릴 수 있죠. 궁극적으로 감독의 연출과 촬영 과정을 이해해서 알아보기 쉬운 형태로 표현하는 작업이죠. 사실 콘티를 도표(圖表)라고 칭하는 편이 더 정확한 정의일지도 몰라요.

그렇다면 콘티를 '잘 그린다'라는 표현은 어떻게 해석할 수 있을까요?

보통 '그림을 잘 그린다'라고 하는 의미는 상세하게 묘사를 잘한다는 의미와 같지만 콘티는 회화가 아니죠.

---

[6] 카체이싱(Car chasing): 자동차 추격 장면이나 자동차 사고 장면 등 자동차가 역동적으로 움직이는 장면들을 말한다.

이렇게 표현해 볼게요. 영화계에서는 카메라 렌즈에 대해 잘 아는 작가들이 그리는 콘티를 잘 그린 콘티라고 볼 수 있어요. 피사체와 카메라 사이의 거리에 따라서, 배경이 어떤 형태인지에 따라서, 카메라 화각에 따라서, 주인공이 화면 어느 곳에 위치하느냐에 따라서 콘티가 달라져요. 카메라가 바라보는 장면을 세세하게 그릴 수 있는 작가가 콘티를 잘 그리는 작가라고 할 수 있죠.

전문 콘티 작가로 활동하기 위해서는 작화 실력, 촬영에 대한 이해, 연출에 대한 이해, 소통 능력 등 여러 전문성이 필요한 것으로 보입니다. 그중 어떤 능력이 우선순위라고 생각하나요?

가장 중요한 부분은 시나리오 독해력이에요. 시나리오에 등장하는 각 캐릭터에 대한 분석. 감독들도 그 캐릭터를 카메라 프레임 안에 어떻게 담을 것인지 제작이 끝날 때까지 고심해요. 배우들과도 촬영하는 중간중간 이에 대해 많은 이야기를 나누고요. 그리고 콘티 작업이 그 고민의 시작이죠. 콘티 작업을 마친다고 그 안에 고민에 대한 모든 답이 상세하게 담길 수는 없지만, 영화가 상영되는 두 시간 동안 작품을 관통하는 시나리오의 핵심 내용이 있어야 해요. 시나리오 회의를 거듭하면서 내린 여러 의사결정이 콘티 안에 담겨 있어야 하는 거죠.

역할의 특성상 콘티는 연출과 촬영 부문 사이에 위치하고 있죠. 콘티 작가가 미치는 영향력이 어느 정도인지 궁금합니다.

결국 그림을 그리려면 연출에 대해 알아야 해요. 인물의 동작과 표정에 따라 화면의 정서가 굉장히 다르게 느껴지잖아요. 그래서 저는 우선 화이트보드에 큰 그림들을 그려 놔요. 주요 공간에 대한 조감도를 그리는 거예요. 촬영 감독님의 역할일 수도 있지만 결국 연출과 촬영 사항을 하나로 뭉쳐서 그림으로 표현하는 사람은 콘티 작가이니 제가 하는 거죠.

이 자체가 시뮬레이션 역할을 하기도 해요. 감독이 머릿속으로 생각했던 그림이 맞는지 확인하는 과정이죠. 회의에 참석한 모든 사람이 동상이몽 할 수도 있잖아요. 말로 대화할 때는 통했던 내용이 그림을 그려 보면 '이게 아니었네.' 하는 경우도 있어요. 잘 만든 영화는 원래 의도대로 이야기를 전개하기 위해 장면마다 목적이 명확해요. 콘티 작가는 그 목적을 명확히 하기 위해 그림을 그리며 합의해 나가죠. 장면과 장면을 이어 붙여야 하는 상황에서도 어떤 순서로 이을지, 혹은 새로운 장면을 만들어낼지 많은 제안을 하는 것 같아요.

이렇게 연출에 대한 논의가 되지 않으면 콘티 작가는 기술적으로 그림만 그리는 작화가로 머무르기 쉬워요. 그림만 그리는 역할이라면 말하는 대로 그려 주면 되잖아요. 그런데 모든 감독의 머릿속에 명확한 그림이 들어 있는 것은 아니에요. 결국 스토리보드 작가가 레퍼런스를 제시하거나 감독과 계속해서 이야기를 나누면서 명확한 의도를 끄집어내야 해요.

예전 작업물을 포함해 여러 레퍼런스를 작품 기획 초기에 수집한 후 작업을 진행하나요?

영화를 보면 콘티가 보여요. 카메라 운영, 인물의 블로킹[7], 조명 처리, CGI 처리, 액션 구성, 특수 소품, 의상

---

[7] 블로킹(Blocking): 화면에 공간감을 만들어내기 위해 카메라 프레임 내에 인물을 배열시키거나 카메라, 조명 등의 기재들을 적절한 곳에 배치시키는 작업을 의미한다. 인물 블로킹은 등장인물이 카메라를 의식하지 않고 관람자 또한 카메라가 등장인물의 동장을 담고 있다는 사실을 의식하지 못하도록 기능한다.

등 해당 장면과 캐릭터를 정의하는 내용이 보이죠. 작업하는 영화에서 등장인물을 어떻게 표현할지 다시 정리하는 차원에서 그런 레퍼런스를 갖고 제안하기도 하고 광고 영상을 참고하기도 해요.

전체 콘티 중 조사했던 자료가 실제 영화에 반영되는 건 어느 정도인가요?

대략 30% 되는 것 같아요. 장르에 따라 다르겠지만요. 적은 분량은 아니죠. 같은 장르의 다른 영화에서는 이런 상황을 어떻게 표현했는지 살펴보고 지금 작업하는 영화의 목적에 맞는지 검토해 봐요. 만약 부합한다면 어떻게 다른 식으로 표현할지 고민하죠. 영화 문법에 맞춰서 가져올지 아예 해체해서 적용할지. 이렇게 고민하다 보면 결국 30%의 레퍼런스 분량 안에서도 깊게 살펴본 10% 이하의 비중만 반영돼요.

영화 문법이라는 개념도 무시할 수 없는 프레임이죠. 해당 작품만의 특별함을 부각하기 위해 기성 영화 문법에서 벗어나 최대한 창의성을 반영하려는 편인가요?

가능한 한 전체 내용의 60% 분량은 문법을 지키려고 해요. 영화를 관람하는 모두가 이해할 수 있는 아주 기본적인 법칙인 셈이에요. 소설을 읽을 때도 이야기를 전개하기 위한 기본적인 요소들이 있잖아요. 그 기본 법칙을 갖추지 못한 상태로 새로운 변화만 추구하는 영화라면 그 안에 문법이 적용되는 것이 오히려 큰 변화로 보일 수 있겠죠. 실험적인 영화가 아니고서야 그렇게 제작할 수는 없어요.

잠깐 다른 이야기를 해볼게요. 통일, 변화, 균형을 조형의 3요소라고 하죠. 반복과 규칙을 갖고 있어야 하고 변화가 눈에 보여야 하며 모든 요소가 조화롭게 맞춰져야 한다는 의미예요. 영화도 종합 예술이라 이 3요소가 작품 안에서 발현된다고 생각해요. 그중에서 '변화'만 따로 떼어 볼게요. 만약 변화가 지속된다면 변화가 아니라고 느껴지게 돼요. 이야기가 흘러가는 흐름의 리듬을 문법이라고 보면, 영화 전반의 통일성과 각 장면에서 드러나는 변화를 어떤 식으로 표현해내고 어떻게 그 사이에서 균형을 맞출지 아이디어를 모색하는 데 시간을 많이 쏟는 것 같아요. 감독들과도 가장 많이 이야기 나누는 부분이죠.

감독님의 성향에 따라 이야기를 풀어가는 방식이 다르다 보니 이에 맞춰 콘티의 방향성도 달라지겠어요.

영화 안에서 각 등장인물이 이야기 전반을 끌고 가는 것처럼 보이지만 전체 톤 앤 매너[8]를 먼저 설정하고 그 안에서 각 캐릭터에 대한 분석을 하거든요. 스무 편 정도 작업을 했을 때쯤 갖게 된 태도인데, 그 계기를 만들어 준 분이 정지우 감독님이에요. <사랑니>라는 작품을 함께 제작하던 시기였어요. 박찬욱 감독님과 일할 때는 찍고, 자르고, 썰고, 피 뿌리는 장면을 많이 담았는데(웃음). 정지우 감독님은 영화를 기본 구조로 이끌되 어떤 정서를 어떻게 담아야 하는지에 대해 정말 깊은 고민을 했던 분으로 기억해요. 정말 많이 배웠어요. 그 이후부터 시나리오를 읽을 때 작품을 이해하는 방법이 달라졌어요.

촬영 현장에서 스토리보드를 그리는 경우도 있나요?

큰일 나는 일이죠. 예전에는 감독의 요구로 몇 번 현장 작업했던 적이 있어요. 지금은 그렇게 작업 안 하죠.

---

8 톤 앤 매너(Tone and manner): 작품마다 갖고 있는 고유의 분위기와 구성을 의미한다.

그렇게 작업한 콘티를 가지고 제대로 촬영된 경우를 한 번도 못 봐서. 감독이나 촬영 감독 본인이 불안하니까 콘티를 바꿔야 하나고 생각하는 거예요. 현장에서 공간의 크기가 달라지거나 좌우가 바뀌는 경우도 종종 있어요. 사실 한 장면의 촬영 장소가 갑작스레 변경된다고 해서 영화 전체의 정서가 바뀌지는 않거든요. 물론 영화의 하이라이트 부분이라면 어떻게든 유사한 공간을 섭외해야 하지만 대부분 그렇지 않은 경우가 많아요. 뭔가 대단한 영향을 미치는 것같이 생각하고 그 고민에 얽매여서 저에게 현장에 와달라고 부탁하는 거예요. 현장에 가서 그림 몇 컷 그리는 거야 어렵지 않은 일인데, 앞 장면과 뒷 장면에 어떤 영향을 미치는지 스스로 이해하고 진행하는 분들이 많이 없었어요. 옛날에는 인터넷 환경이 구축되어 있지 않았기 때문에 감독의 머릿속에서 계속 시뮬레이션해야 됐거든요. 여기서 감독의 의사결정 능력이 드러났던 거죠.

콘티로 그리기 까다로운 장면이나 상황이 따로 있는지도 궁금합니다.

    예고를 다니기도 했고 예전부터 광고나 애니메이션, 게임, CGI 등 여러 장르의 그림을 그렸기 때문에 아무리 어려운 장면도 레퍼런스를 참고해 그릴 수는 있어요. 재미없는 장면이 어렵죠. 앞에서 그렸던 장면을 똑같이 그려야 한다거나. 중요한 점은 다른 사람이 이 그림을 봤을 때 이해할 수 있느냐인 것 같아요.

그리기 힘든 장르는 로맨스예요. <시월애>로 시작해서 <내 머리 속의 지우개>, <결혼은 미친 짓이다> 등 우연하게도 로맨스 영화를 많이 작업했는데, 사실 저는 로맨스 영화를 잘 안 보거든요. 극장에서 왜 굳이 로맨스 영화를 봐야 하는지(웃음). 공감 가지 않는 것은 아니에요. 이별이든 미친 사랑이든 좋은 사랑이든 헌신적이든 감동적이든 사람 간의 사랑 이야기라는 큰 틀은 벗어나지 않아요. 영화가 주는 이야기의 냄새에 유사점이 있어요. 캐릭터나 부분적인 기복들이 다르게 보일 뿐이죠. 그 영화가 개봉된 시점의 시대상에 따라 또 달라지고. 1980년대의 로맨스 영화와 2020년의 로맨스 영화는 다르잖아요. 그 미묘한 정서를 찾아내고 밀도 있게 채워 넣는 작업이 어려워서 로맨스 영화 콘티를 만들 때 가장 머리가 아팠어요.

전문가가 되기 위한 별도의 경로가 정해져 있지 않은 직업군이죠. 현재 활동하는 콘티 작가 대다수가 어떤 경로로 입문하게 됐는지 알고 싶습니다.

> 영화 스태프로 일하다가 그림을 잘 그리다 보니 우연한 기회에 한두 작품씩 콘티를 그리면서 시작하는 경우를 심심찮게 봤어요. 그렇게 작업하다가 영화 하나가 흥행하면 전업으로 전향하고. 제가 막 콘티 작업을 시작했을 때는 영화사에서 콘티 교육을 받은 경우나 광고계에서 일하다가 영화 콘티 작가로 넘어오는 사람들도 있었어요.

국내 영화계 전체 시스템과도 연관되어 있어요. 우리나라 영화 시장이 크지 않잖아요. 1년에 제작할 수 있는 영화의 편수가 한정되어 있고 영화마다 예산도 다 다르죠. 더군다나 요새는 고예산 영화와 저예산 영화 사이의 양극화가 점점 심해지고 있는 데다, OTT[9] 서비스들의 점유율이 높아지면서 생태계가 또 달라지고

---

9 OTT(Over the Top): 통상 온라인 동영상 스트리밍 서비스를 의미한다. 'top'은 셋톱박스를 의미하며 서비스 태동 초창기에는 셋톱박스 기반 인터넷 동영상 서비스를 지칭했지만 최근에는 여러 기기에서 스트리밍으로 재생되는 영상 플랫폼 서비스 전체를 말한다.

있어요. 저는 이런 생태계 안에서 영화 전문 콘티 작가로 활동할 수 있는 사람은 스무 명도 채 안 될 거라고 생각해요.

콘티 작업에 대한 수요가 공급을 따라잡지 못하기 때문인가요?

그렇죠. 국내 제작 애니메이션만 예를 들어봐도 1년에 몇 편 개봉하겠어요. 스토리보드 작가로만 활동하기에는 시장이 작은 거죠. 일러스트레이터[10]나 3D 애니메이션 작업과 영화 콘티 작업을 병행하는 경우도 꽤 있어요. 1년에 3개월씩 4분기로 봤을 때, 2개월 작업하고 한 달 동안 쉬면서 다음 작업 의뢰를 기다린다면 1년에 네 작품을 작업할 수 있어요. 이 정도면 콘티 작가 중에서도 잘하고 있는 작가예요. 만약 더 많은 작품을 하고 싶다면 팀을 이뤄서 한 명은 스케치하고 다른 사람은 회의에 참석해서 기획하는 역할을 맡아야 하는데 '작업 관리'라는 부가적인 작업이 필요해지죠. 규

---

10 일러스트레이터(Illustrator): 포스터나 광고, 잡지 등 여러 분야에서 문장의 보조나 설명에 사용되는 그림이나 삽화를 그리는 직업을 말한다.

모가 큰 중국 시장에서 팀 단위로 의뢰가 들어오는 경우라면 더 나은 환경에서 일할 수 있겠지만, 이런 기회 없이 국내에서만 작업한다면 겸업을 고려할 수밖에 없을 거예요.

따라서 작가 개인의 입장에서 봤을 때 연출자와 비슷한 생각을 갖고서 임하지 않으면 안 돼요. 본인이 시나리오를 만들어 보면서 어떤 의도로 글을 썼는지 아는 것과 모르는 것은 차이가 크거든요. 영화를 볼 때도 '재밌다' 하고 끝나는 것이 아니라, 어떤 장르에서 어떤 식으로 제작했는지 분석하면서 봐야 하고요. 이런 고민과 생각 없이 임하면 그냥 그림 그려 주는 사람밖에 안돼요. 제가 가끔 학교에 특강을 하러 가서도 스토리보드 작가가 되려는 학생들에게 비슷한 말을 해요. 그림 몇 장 잘 그린다고 할 수 있는 일이 아니라고. 장면을 남들에게 이해시킬 수 있고, 전체 이야기를 끌고 가기 위해 시나리오를 해석할 수 있어야 전문가가 될 수 있다고 말하죠. 스스로 공부를 계속해 보는 수밖에 없어요. 그것 이외에 할 이야기가 없더라고요.

거꾸로 감독, 시나리오 작가와 같이 연출 분야에 있는 이들에게도 스토리보드라는 도구에 대한 공부가 많은 도움이 되겠네요.

> 그렇죠. 감독이 되기 위해서는 영화를 몇 번이고 되돌려 봐야 해요. 사실 이 방법은 영화 콘티를 이해하기 위한 가장 좋은 공부예요. 어떤 의도로 이런 형태의 콘티를 만들었고 이 장면은 왜 이렇게 구성했는지 영화 안에서 다 찾을 수 있어요. 영화의 메이킹 필름도 가능하다면 찾아보기를 추천해요. 비하인드 컷[11]이 빠졌다면 왜 그 장면이 들어갔다가 빠졌는지도 이해할 수 있거든요.

대부분의 콘티 작가가 프리랜서 형태로 일하고 있습니다. 특성상 불안정성을 포함해 혼자 감내해야 하는 부분이 많겠죠. 약 20년 동안 콘티 작가로 일해오면서 다져온 마음가짐이 궁금합니다.

> 재밌는 것, 좋아하는 것을 찾다 보니까 여기까지 온 것 같아요. 창작하는 사람들 모두가 그렇겠지만 내면 깊

---

[11] 비하인드 컷(Behind cut): 촬영은 되었지만 실제 영화에서 사용되지 않은 장면들을 말한다.

은 곳에서 올라오는 외로움이 있잖아요. 물리적으로 혼자 오랜 시간을 사용해서 끝내는 일은 외로움이 당연히 따라온다고 봐요. 그렇기에 일과 사생활의 균형이 중요해져요. 일을 해야 할 때는 몰아서 하다가 잘 쉬고 잘 먹을 때도 필요하고. 일반 회사원처럼 일할 때도 있죠. 감독과 콘티 회의를 할 때는 실제로 그렇게 생활해요. 그 이외에 혼자 작업해야 하는 시간은 오롯이 혼자 관리해야 돼요. 오랫동안 일하는 건 자신의 일상생활을 어떻게 안정적으로 만드는지에 달렸다고 생각해요.

자기 관리의 중요성은 이루 말할 수 없죠.

저도 한창 일이 몰릴 때는 자기 관리가 안 돼서 힘든 시기가 많았어요. 계속 일에 끌려가는 경우가 많았으니까. 작업을 마쳐야 하는 시간까지 얼마 남지 않아서 어쩔 수 없이 밤을 연달아 새고. 게다가 한 작품을 끝내자마자 다음 작품을 바로 시작한 경우도 많았어요. 그렇게 세 작품을 이어서 작업하고 나니 아무것도 못하겠더라고요. 또 작품의 감독님마다 생활 패턴이 다르잖아요. 어떤 감독은 아침 아홉 시부터 회의를 하자고 하고 어떤 감독은 오후 두 시부터 하자고 하고. 그리고 바로 작업을 시작하는 것이 아니라 계속 수다 떨다가 밥 먹고 나서 가볍게 머릿속에 있는 아이디어를 꺼내 놓으며 시작하는 경우도 있고. 이렇게 아이디어 회의를 하다 보면 일주일만 지나도 서로 방전돼요. 이 작업을 짧게는 보름에서 길게는 한 달 가까이 진행하고요. 재충전이 되어야 제대로 일할 수 있을 텐데 그날그날 반드시 정리해서 끝내야 하는 작업들이 또 있어요. 그 작업 시간도 무시 못 하죠. 회의하는 도중에 담당 PD가 언제 작업이 끝나냐고 연락할 때가 가장 힘들었어요(웃음).

지금은 그렇지 않은데 예전에는 콘티 작업의 기간과 분량을 조절하지 않고 작업했거든요. 일례로 <내 머리 속의 지우개>를 작업할 때는 2,800컷을 그렸어요. 멜로 영화 중에서도 분량이 많은 축에 속해서 나중에는 저 말고도 네다섯 명의 작가가 추가로 투입됐어요. 이재한 감독도 본인 데뷔작이어서 열심히 콘티를 만들려고 합숙에 들어갔죠. 나흘이 지났는데 열 장면도 진도를 못 나갔어요. 크랭크 인[12] 일정에 맞추려면 하루

---

12 크랭크 인(Crank in): 영화 제작 과정에서 촬영 개시를 의미한다.

에 다섯 장면씩 완성해야 했거든요. 결국 사람이 추가로 투입되고 밤새면서 작업을 마쳤죠. 이재용 감독님의 <스캔들: 조선남녀상열지사>를 작업했을 때도 사무실에서 밤낮으로 그리다가 DVD방에서 자고 와서 다시 그렸어요. 이렇게 작가 본인이 원하는 환경이 아닌 상황이 자주 발생해요. 정신력을 잘 갖춰야 하는 이유죠.

<올드보이>, <태극기 휘날리며> 등 활발하게 콘티 작업을 진행하던 시기와 비교해 보면 근래에는 작업 편수가 줄었네요.

연출 준비를 시작하면서 영화 콘티 작업 의뢰가 줄었어요. 지인들 작품 콘티를 옆에서 도와준다거나 웹드라마 연출, 뮤직비디오나 광고 기획 등 다른 작업을 했죠. 제 성향이 '난 영화만 만들어야 돼.'라고 생각하는 성격도 아니라서. 원래 2003년에 <이중간첩> 작업을 마치고 스토리보드 작업을 하지 않으려고 했었어요. 거의 열 작품 째여서 거기서 마무리를 지으려고 했죠. 그러다가 스무 작품이 되고 어느새 제 삶의 중요한 직업이 되었어요. 뜻하지 않게 좋은 작품들을 많이 만나니까 재미있게 일할 수 있었죠.

영화를 포함해 광고, 웹드라마, 애니메이션 등 다양한 영상 콘텐츠 중에서 어떤 장르가 본인 성향과 잘 맞나요?

우선 드라마는 아니에요. 처음 작업했던 드라마에 대한 기억이 워낙 좋지 않아서 더 그래요. 밤에 갑자기 전화해서 다음 날 아침에 회의 참석하면서 콘티 만들 수 있겠냐고 하더라고요. 그렇게 첫 콘티를 만들러 갔더니 아무런 준비도 되어 있지 않았고. 공간이 어떤 곳이냐고 물어보면 그제야 공간에 대한 자료를 가져오는 식이었죠. 시간도 오래 걸렸을뿐더러 직접 기획해야 하는 부분이 많다 보니 힘들었어요. 그래도 요즘에는 여러 OTT 서비스를 통해 선제작 하는 경우가 많으니까 지금 드라마를 작업하면 충분히 즐기며 작업할 수 있을 것 같아요.

영화 작업이 가장 즐거워요. 그중에서도 스릴러 영화가 쉽기도 하고 재밌죠. 일반 드라마 장르는 짜인 기본 틀 안에 정서를 넣어야 해서 다양한 해석이 필요하고, 그래서 어려워요. 반면 스릴러 장르는 연출가의 상상을 바탕으로 작품을 원하는 대로 만들어갈 수 있는 여지가 많거든요. 잘 만든 예술 영화는 두 부류로 나눌 수 있다고 생각해요. 대사 안에 철학과 통찰을 넣는 방법과 언어보다 장면 그 자체를 사용해 강력한 인상을 주는 방법. 스릴러는 후자에 해당하겠죠. 그 강력한 그림을 찾아내는 과정이 재밌어요.

2000년 전후로 처음 이 직업을 대했을 당시의 환경과 현재 시점을 비교해 봤을 때 어떤 점에서 큰 변화를 느끼나요?

영화 업계 전반적인 작업료 수준이 달라졌어요. 예전보다 계약 구조에 대한 조건과 환경이 개선됐죠. 한편으로는 콘티 작업의 재미가 줄어든 측면도 있어요. 앞서 말했듯 대부분의 영화가 대화로 구성되어 있고 배경과 공간, 상황이 조금씩 달라지는 것뿐이에요. 그래서 작가들끼리는 소위 '대갈치기'라고 몽달귀신처럼 얼굴만 여러 개 그리는 작업이 주를 이루게 됐어요.

디지털 기술이 발전했다는 측면도 있어요. 인공지능이 기본적인 틀에 맞춰 거친 형태의 스케치를 미리 해두고 작가가 상세한 요소들을 추가하는 기술이 생기면 좋겠다는 생각도 해요. 실제로 지금 제 친구와 함께 그림 데이터셋을 인공지능이 학습할 수 있도록 정제하는 작업을 하고 있거든요. 늦어도 10년 안에는 가능한 모습이 아닐까 해요.

단순노동에 가까운 작업을 인공지능이 담당한다면 인간은 더욱 창의적이고 생산적인 일에 집중할 수 있겠네요.

> 그렇죠. 이야기를 계속 상상하면서 이렇게 붙여 보고 저렇게 붙여 볼 수 있는 지점이 콘티니까. 상상하는 것은 늘 재밌잖아요. 콘티 작업하면서 가장 흥미로운 부분이기도 해요. 박찬욱 감독님도 비슷한 이야기를 하셨어요. 촬영 장소에 미리 갔을 때 시나리오에 등장하는 인물들이 이 공간에서 어떻게 놀 수 있을지, 이 공간에서 어떤 캐릭터가 등장하면 이야기에 더 힘이 생길 수 있을지를 고민하는 과정이 즐겁다고. 이렇게 상상한 내용을 갖고 콘티 작업을 진행할 경우, 영화 문법상 장면들을 어떻게 구성할지만 정하면 감독 입장에서는 영화를 다 찍은 것과 다름없어요. 콘티 작업을 하면서 감독이 갖고 있는 전문 소양의 정도가 다 드러나거든요. 사람에 대한 태도, 등장인물을 바라보는 통찰력, 사람들에게 이야기를 전달하는 방법을 다루는 작업이니까요.

작업했던 영화들 중 특별히 애착 가는 작품이 있나요?

> 자본주의 관점에서 봤을 때 작업료가 높았던 작품이 애착보다 애정이 가죠(웃음). 작업 자체로만 본다면

부모님의 마음과 비슷한 것 같아요. 아픈 아이가 더 신경 쓰이듯 결과적으로 여러 아쉬움이 남는 작품들이 더 신경 쓰여요. 무엇보다 작가도 사람이다 보니 당장 작업하고 있는 작품에 애착을 가질 수밖에 없고요.

제가 그동안 참여했던 작품들을 둘러봤을 때에는 <복수는 나의 것>이 가장 기억에 남아요. 당시 여러 역할을 동시에 맡으면서 스트레스도 많이 받았고, 박찬욱 감독님이 표현하고 싶은 요소들을 모두 반영하면서 영화를 보는 내내 무겁고 힘들었거든요. 그런데 돌이켜 보면 제가 충무로에서 활동하면서 앞으로 그런 작품을 두 번 다시 만나기는 어렵겠다 생각이 들더라고요.

가장 오랜 시간 작업했던 작품은 어떤 영화인가요?
    <내 머리 속의 지우개>와 <알포인트>예요. 특히 <알포인트>는 제작 자체가 몇 번이나 취소되었다가 다시 시작된 작품이죠. 사연이 많고 시간도 오래 걸렸던 작품이에요.

콘티 작가에 대해 더 깊게 알아보고 싶거나 콘티 작가를 진로로 생각하는 이들에게 추천해 주고 싶은 자료가 있다면 소개 부탁합니다.

《영화연출론 Shot by Shot(Film directing, shot by shot: visualizing from concept to screen)》이라는 책을 추천해요. 오래된 책이긴 하지만 스토리보드 전반에 대한 내용이 정리되어 있어요. 용어 정리부터 장면 구성까지. <올드보이>가 제작될 때도 제작 과정에서 이 책이 거론된 것으로 알고 있고요.

자료 이외에 전하고 싶은 조언이 있다면 어떤 부분인가요?

영화를 많이 보고 시나리오를 많이 읽어 보면 좋겠어요. 영화를 보면서 분석하고, 그 영화의 시나리오를 읽고서 시나리오에 대한 분석을 하면 공부가 많이 돼요. 특히 장면 분석을 많이 해야 하죠. 미장센을 배우라고 할 수는 없어요 영화마다 미장센은 달라지니까.

그다음으로 그림 그리기. 인물, 공간을 많이 그려 봐야 해요. 그림은 많이 그려 보는 것 말고는 방도가 없는 것 같아요. 작업할 때마다 참고 자료를 찾아 따라 그릴 수는 없거든요. 감독이 '이 장면은 로우앵글[13]로 표현한다.'라고 말했을 때 빠르게 그 구도와 인물의 동선을 파악해서 거칠게나마 장면을 그려야 진도를 나갈 수 있잖아요. 회의에서 그리는 시간을 모두 기다려 줄 수는 없으니까.

다시 원점으로 돌아가는 질문이기도 한데요. 콘티 또는 스토리보드라는 하나의 작업물에 어떤 효용가치가 내재되어 있다고 생각하는지 궁금합니다.

작품 제작과 관련된 사람들에게 영감을 주는 도구로 생각하고 있어요. 어찌 됐든 함께 일 하는 스태프들이 원활하게 소통할 수 있게 돕는 도구죠. 같은 장면이라도 팀별로 바라보는 관점이 다르기 때문에, 그림이라는 표현 방식으로 사람들에게 통일된 영감을 주는 거예요.

---

13 로우앵글(Low angle): 촬영 피사체를 아래에서 올려다보며 찍는 구도를 의미한다. 시각적으로 웅대하고 시원한 느낌을 주어 존경과 찬양의 대상을 보여 줄 때 흔히 쓰인다.

일반 관객들이 콘티 작가를 어떤 직업으로 바라봐 주기를 바라나요?

    영화에 관심 있는 사람들은 이제 콘티가 어떤 도구인지 꽤 아는 것 같아요. 스토리보드는 비단 영화나 드라마뿐 아니라 PPT 자료를 구성할 때도 사용할 수 있잖아요. 이야기의 흐름을 구성하는 것 자체가 콘티니까. 이야기를 전달하는 방식에 대한 가치를 인지하는 것은 앞으로 더 중요한 능력이 될 것 같아요. 기획서를 작성하거나 발표를 준비할 때도 어떤 이야기 구조를 갖고 진행하는지에 따라 전달력이 달라지죠. 이렇게 스토리텔링의 기본적인 요소를 다루면서 이야기를 어떤 방식, 어떤 정서로 전달할지 고민하며 재미있게 구성하는 사람 중 한 명으로 알고 있어도 무리 없을 것 같아요.

PERSON 03

영화 콘티 작가는
제2의 시나리오를 만든다

박송이

PERSON 3
박송이

그동안 작업했던 작품들과 함께 자기소개 부탁드립니다.

    콘티 작가 박송이입니다. 저는 사실 영화 전공자는 아니고 섬유 미술을 전공했어요. 사회생활을 하다가 6개월 정도 백수 시절이 있었는데, 제가 그림 그리는 것 말고는 재주가 없어서 우연히 콘티 작업을 시작했어요. 알고 지내던 조감독님 한 분의 소개였죠. <달콤한 인생>이 첫 작품이었어요. 운이 좋았죠(웃음). 그 이후로 지금까지 계속 일하고 있으니. 모든 작품을 다 기억할 수는 없어서 몇 작품만 떠올려 보면 영화 <멋진 하루>, <불한당>, <터널>, <우리 생애 최고의 순간>, <의뢰인>, <킹메이커>, <내가 죽던 날>이 있고, 드라마로는 <킹덤>이 있어요.

추후 깊은 논의를 위해 필요한 질문이 직업에 대한 정의입니다. 콘티 작가라는 직업은 어떻게 정의할 수 있을까요?

    직업에 대한 정의를 깊이 생각하지 않은 채 뛰어든 사람이어서 일을 하면서도 많은 고민을 해보지는 않았는데요. 콘티 작업은 제2의 시나리오 작업이나 다름

없어요. 글로 작성된 1차 시나리오를 받아 콘티로 작업하고 나면 그 시나리오는 굉장히 많이 달라져 있거든요. 콘티 작가를 그저 장면을 그림으로 그리는 작업이라고 표현하기에는 정의가 너무 협소하다는 생각이 들어요. 저도 저의 의지든 감독님의 의지든 합의가 이루어져 시나리오를 더 나은 방향으로 수정했을 때의 쾌감을 작업의 우선순위로 두고 있어요.

외부에서 바라보기에는 그림으로 표현된 '스토리보드'라는 결과물에 시선을 두기 마련인데요. 작업자의 입장에서는 무엇을 어떻게 그릴지 '기획'에 더 초점을 맞추고 있군요.

    네. 저는 글로 작성된 시나리오를 많이 봐요. 그리고 그 시나리오를 변형하는 데에 더 많은 시간을 쓰고요. 각 장면을 그리기에 앞서 글에 더 집중하는 편이죠.

콘티 작업은 실제 촬영과 연출 과정 사이에 위치하고 있다 보니, 콘티 작가가 미치는 영향력은 과연 어느 정도일지 궁금합니다.

    작품과 사람들의 성향에 따라 달라져요. 콘티 완성도를 중요하게 생각하는 감독님과 일하는 경우에는 제가 촬영 부분까지도 의견을 내요. 물론 제가 촬영 감독님만큼 기술적인 내용을 다 알지는 못하지만, 여러 콘티 작업을 진행하면서 보는 눈을 키워왔고 공부도 했기 때문에 최내한 많이 제안하려고 하죠. 이런 맥락에서 콘티 작가가 연출과 촬영을 위한 가교 역할만을 맡고 있다고 생각하지는 않아요. 더 적극적으로 연출을 진행하는 역할인 거죠. 실제 촬영이 이루어지기 전까지 감독님과 가장 밀접하게 붙어서 많은 이야기를 나누거든요. 새로 일을 시작하기 위해 영화 시나리오를 볼 때도 감독님과 시선이 맞는 작품을 고르는 편이에요. 예전에는 밥벌이를 위해서 시선이 맞지 않는 작품도 맡았지만, 지금 보면 '내가 생각하는 방향성을 위해 왜 더 싸우지 못했을까.' 하며 후회하는 작품도 있어요.

콘티 작가의 창의성이 개입되는 정도 역시 작품과 사람에 따라 다르겠네요.

그렇죠. 시나리오에 따라서 어떤 작품은 앞부분에 변형을 주면 뒷부분에 큰 파장이 생기는 경우가 있어요. 이런 사항을 고려해서 개입을 허용하는 감독님이 계신가 하면, 아예 처음부터 손대지 않기를 바라는 분도 계시죠. 작품마다 정도가 다르지만 의견 개진 기회가 주어지는 작품에는 많은 참여를 할 수 있었죠.

그리고 저는 그림을 자세하게 그리는 편이에요. 그림을 그리다 보면 제가 전달하고자 하는 각 장면의 느낌이 생기거든요. 그 느낌을 명확하게 전달하기 위해서 등장인물의 표정, 배경의 조명 등을 최대한 자세하게 그리죠. 그래야 감독님도 제가 왜 이 느낌을 제안하는지 빠르게 이해할 수 있고 실제 촬영할 때 스태프들도 훨씬 이해도가 높을 거라고 생각해요. 그게 저의 역할이니까. 사실 저도 그림을 그리면서 '이 장면에서 이 호흡이 맞는 건가?' 하면서 생각이 계속 변해요. 다른 형태의 제안이 생기면 자세하게 그림으로 표현해두죠.

다각도로 의견을 개진하고 실제로 콘티로 그려내야 하는 역할이기 때문에 시나리오, 연출과 관련해서 많은 사전 준비와 공부가 필요하겠네요.

이 역시 감독님의 성향에 따라 정말 천차만별이에요(웃음). 어떤 감독님은 제가 작품에 본격적으로 투입되기 전에 많은 양의 레퍼런스를 가져오기를 원하세요. 기존 영화의 클립[1], 이미지 캡처, 콘셉트 그림 등이

---

1 클립(Clip): 어떠한 영화에서 자른 한 장면이나 비교적 짧은 영상물을 말한다.

겠죠. 제 성향을 잘 아시는 분들이에요, 보통은(웃음). 대부분의 감독님들은 그런 준비를 요구하지 않으세요.

자료를 준비할 때는 해당 장르의 비슷한 영화를 보기도 하지만 오히려 다른 장르의 영화에서 아이디어를 찾으려고 해요. 예를 들어 멜로 영화를 작업할 때 액션 영화에서 레퍼런스를 찾는 식이죠. 누아르 영화를 작업할 때 로맨스 영화에서 아이디어를 얻기도 하고. 전혀 다른 장르의 영화에서 어떤 정서를 가져올 수 있을지 찾아보고 제안하는 편이에요.

원작이 있는 영화를 작업하는 경우도 있잖아요.

<멋진 하루>가 일본 단편 소설이 원작이었어요. 이윤기 감독님이 그 소설을 재미있게 읽고 나서 살을 붙여 영화를 제작하셨어요. 영화가 됐든 소설이 됐듯 단편이 아닌 장편 작품을 2시간짜리 영화로 제작하려면 기존 내용에서 덜어내는 작업밖에 할 수 있는 것이 없거든요. 해당 작품에서 탄탄하게 쌓은 등장인물의 무게를 가볍게 만들 수밖에 없어요. 그런데 단편 작품은 하나의 소재에 살을 덧대면서 확장해 나갈 수 있죠. 이런 방식의 각색을 좋아해요. <멋진 하루>를 작업하면

서 굉장히 영리한 방식이라는 생각이 들더라고요.

촬영 현장에서 콘티를 그렸던 경험도 있나요?

네. 있어요. 무척 비효율적이더라고요. 하루는 촬영 현장에 놀러간 적이 있는데 현장에서 콘티가 바뀐 거예요. 저를 부르시더니 2층 작업실에서 새로 그려 달라고 하시더라고요. 어쩔 수 없이 그린 적이 있어요. 또 다른 작품에서는 콘티 작업이 미처 끝나지 않아서 현장에서 그린 적도 있고. 그래도 저는 그런 경우가 많지 않았어요. 마음이 약한 편이 아니어서 현장에는 가지 않겠다고 단호하게 말씀드려요. 현장 콘티 작업은 비효율적이거든요. 현장에서는 현장의 방식대로 찍어야죠.

그렇다면 '이 작가 콘티 잘 그려.'라고 말할 수 있는 '잘 그린다'의 기준이 무엇이라고 생각하나요?

첫째로 감독님이 의도하는 장면의 방향성을 정확히 이해해야 돼요. 이해도가 가장 중요합니다. 누군가 장면을 언급했을 때 어떤 크기에 어떤 느낌을 담아야 할지 정확하고 빠르게 알아차려야 해요. 그리고 감정 표현 능력도 중요해요. 그림의 상세한 내용에 앞서 감정이 중요한 경우가 많아요. 특히 조명에 따라서 느낌이 많이 달라지거든요. 저도 시간 여유가 있으면 세세한 조명 연출도 그림에 담으려고 노력합니다.

그림 실력과 더불어 콘티 작가에게 요구되는 전문 능력이 있을 텐데요. 그중 가장 중요한 전문성은 무엇일까요?

시나리오 이해 능력을 꼽고 싶어요. 시나리오를 읽고서 이 시나리오를 쓴 감독님이나 작가님이 어떤 이야기를 하고자 하는지 명확하게 파악할 수 있어야 돼요. 같은 맥락에서 시나리오의 허점도 잘 파악할 수 있어야겠죠. 작업을 하다 보면 가끔 영화 제작 기간이 부족하거나 투자된 자금 문제로 인해 시나리오에 누수된 부분들이 있음에도 그냥 끌어안고 가는 경우가 있어요. 심지어 허점을 발견하지 못해 그대로 진행된 경우도 있죠. 그렇게 촬영을 하고 편집을 거쳐 어떻게든 완성본이 나오면 그 빈틈이 고스란히 보이더라고요. 그리고 어김없이 이에 대한 뒷이야기가 나와요. 시나리오상의 허점을 마지막으로 확인할 수 있는 시점이 콘티 작업이에요. 그때 아니면 못 해요. 이 부분을 감독님과 가장 빠르고 효율적으로 소통할 수 있는 사람이 콘티 작가고요. 영화 전체의 완성도를 높이기 위해 콘

티 작가가 갖춰야 하는 가장 중요한 자질은 시나리오 이해 능력이에요.

실제 촬영 시 작업한 스토리보드대로 촬영하는 비율은 어느 정도인가요?

제 경험을 토대로 보면 전체 컷 중 80%가 콘티에 따라 촬영이 진행되는 것 같아요. 거의 콘티대로 찍으세요. 나머지 20%는 약간의 변동이 생기거나 전혀 다른 방향으로 촬영이 진행되기도 해요.

콘티 작가가 되기 위한 경력 경로가 정형화되어 있지 않은데요. 그럼에도 작가들이 많이 밟아온 입문 과정이 존재하는지 알고 싶습니다.

저는 운 좋게 작가가 된 경우잖아요(웃음). 지인 조감독님의 소개로 그분의 단편 영화 콘티를 그리기 시작했으니까. 그래서 다른 분들의 사례를 말씀드릴 수밖에 없는데, 영화 연출부 직원이나 스크립터로 일을 시작해서 콘티 작가로 전향하는 경우도 있어요. 그리고 콘티 전문 팀에 들어가서 여러 작품을 작업해보고 독립해서 활동하는 경우도 있고요.

어떤 방식을 추천하세요?

 어떤 방식이든 이 분야로 들어오는 것이 중요해요.

콘티 분야로 한정 지어 수요와 공급을 나눠 봤을 때 그 균형이 어떤 수준으로 맞춰져 있다고 생각하나요?

 예전에는 콘티 작가가 많지 않았어요. 그리고 콘티에 대한 수요도 마찬가지였고요. 당시만 해도 콘티가 그리 중요하지 않다고 생각했으니까. 지금은 어떤 작품이든 콘티가 기본적으로 필요한 상황이다 보니 콘티 수요도 많아지고, 그만큼 콘티 작가도 많이 늘어난 것 같아요. 양쪽 모두 같이 성장하고 있다고 봐요.

 그 과정에서 콘티 작가의 작업료가 최근 몇 년 사이 크게 변동했어요. 저는 고예산 영화, 저예산 영화를 번갈아가며 하다 보니 체감을 못 했는데 꽤 많이 상승했어요. 그리고 업계에서 작업료를 꾸준히 올려주시는 작가님들이 계시고요.

작가 대부분이 프리랜서 형태로 일하고 있죠. 불안정성 때문에 직업에 대한 고민을 많이 할 것 같아요.

 저도 경력 초반에는 영화 작품만 작업했어요. 그때는

들어오는 의뢰 한 건 한 건이 간절하고 가장 먼저 의뢰가 들어온 작품을 놓치면 다음 작품이 없을지도 모른다는 불안감이 컸어요. 그렇게 시간을 보내다가 7년 전부터 광고 콘티 작업도 병행하게 됐어요. 영화 작품만 할 때보다 벌이가 괜찮아진 거예요. 지금은 총 작업 비중에서 광고 콘티 비중이 꽤 커졌어요. 처음에는 광고 작업이 제 성향과 너무 안 맞더라고요. 광고 콘티는 광고주가 원하는 그림을 그려야 하고 제 의견 반영이 힘드니까 재미가 없었어요. 최대한 예쁜 사람이 웃으며 등장하는 예쁜 그림을 그려야 하니까.

그런데 결과적으로는 도움이 많이 됐어요. 우선 벌이가 나아졌고(웃음). 영화 작품을 선택하는 데 있어서 저의 성향을 우선할 수 있는 여유가 생겼죠. 그리고 광고 콘티 작업은 그림을 빨리 그려야 하거든요. 그날그날 많은 양의 그림을 그려서 넘겨야 하니까 그림 그리는 속도가 정말 빨라지더라고요. 덕분에 제가 영화 작업을 즐기면서 할 수 있게 됐어요. 영화만 작업할 때는 회의감을 느끼기도 하고 슬럼프 기간도 있었는데 지금은 괜찮아졌어요. 처음 광고 작업을 할 때는 '너무 하기 싫다.'라는 생각이었는데 지금은 다행이라고 생각해요(웃음).

광고 콘티와 영화 콘티 작업은 성격이 다를 것 같습니다.

맞아요. 광고 작업할 때는 속도가 정말 중요해요. 그림체도 중요하고요. 광고주나 대행사가 원하는 그림체가 있어요. 어떤 느낌으로 인물을 그려야 하는지, 어떤 상품에 어떤 프레임을 맞춰야 하는지 등이 정해져 있어요. 또 처음에는 연필 작업과 컴퓨터 작업을 병행했는데 연필로 그린 작업물 반응이 더 좋더라고요. 그래서 지금은 광고 콘티를 모두 연필로만 작업하고 있죠. 반면 영화 콘티는 소통이 중요해요. 여럿이 소통해서 결과물을 만들어야 하고 그 이야기 안에 제가 녹아 있다 보니 훨씬 보람 있죠. 영화 크레디트에 이름도 올라가고(웃음).

다시 영화 콘티 작업으로 주제를 옮겨보겠습니다. 여러 작품을 동시에 작업했던 경험도 있나요?

저는 겹쳐서 일을 하지 않으려고 해요. 그동안 한 작품씩만 작업하다가 최근에 두 작품 일정이 겹친 적이 있어요. 앞서 작업하던 작품의 제작 일정이 밀리면서 겹치게 된 거예요. 양측에 양해를 구하고 제가 왔다 갔다 열심히 뛰었죠. 엄청 눈치 보이더라고요. 육체적으로도 힘들지만 그건 제가 어떻게든 해결할 수 있잖아요. 그런데 일정 문제는 양쪽 모두 서운함을 표시하니까. 그래서 다시는 안 하려고요(웃음).

그렇다면 거꾸로 한 작품에 여러 콘티 작가가 협업하는 경우도 있나요?

팀을 이뤄 작업하는 작가님들이 계신 것으로 알고 있는데 저는 그런 경험은 없어요. 보통 보조 작가를 구하기도 하잖아요. 저는 그런 성격이 못 돼서 혼자 일해요. 제가 콘티 회의에 참석해서 특정 장면을 구상했는데 그 느낌을 다른 사람에게 100% 정확하게 전달할 수 없더라고요. 보조 작가가 그려서 보내준 그림을 보면 제가 회의에서 떠올렸던 그 느낌이 아닌 거예요. 그러면 결국 제가 모두 다시 작업해요. 시간은 시간대로 뺏기고 돈은 돈대로 들고 스트레스도 받고.

물론 서로의 성향과 능력이 잘 맞는다면 함께 작업하는 장점을 살릴 수 있어요. 예를 들어 사극 콘티를 그릴 때 콘티 작가가 말을 그리는 데 취약하다면 동물을 전문적으로 그릴 수 있는 분에게 그 장면을 맡기면 콘티의 질이 좋아지겠죠. 그런 장면은 레이아웃보다 역동성과 같은 상세한 내용이 중요하거든요. 지인 작가님 중에 이런 형태로 협업하는 경우를 봤는데 혼자 작업하는 경우보다 그림이 훨씬 나아지더라고요. 시간도 많이 아낄 수 있죠.

콘티 작가를 막 시작하려는 분들에게 조언해준다면 어떤 경로를 추천해주고 싶나요?

보조 작가로 시작해도 나쁘지 않을 것 같아요. 메인 작가님을 따라 회의에 함께 참석하는 경우도 있고, 회의 내용만 보면서 그림을 그리는 경우도 있는데 둘 다 도움이 될 거예요.

시나리오나 촬영 기법과 같이 작업에 필요한 내용을 어떻게 공부했는지 궁금합니다.

이론을 별도로 공부하지는 않았어요. 이론 공부를 한다고 해서 제가 알 수 있을 리 없을 것 같았어요. 책으로는 재미도 느끼지 못할 테고(웃음). 영화를 볼 때 그때그때 좋은 장면이라고 생각되는 부분을 유심히 살펴봐요. '이 장면에서는 빛이 어디서 비춘거지?', '카메라 렌즈는 어떤 걸 썼지?' 등 궁금증을 갖고서 관계자들에게 물어보죠.

이와 비슷하게 창의적인 아이디어를 얻기 위해 시도하는 본인만의 방법이 따로 있나요?

아뇨. 영감을 받으려고 일부러 노력하지는 않는 것 같아요. 대신 앞서 말씀드린 것처럼 영화를 정말 많이 봐요. 특히 코로나 사태가 본격화되기 전까지는 극장에 자주 갔었죠. 다행히 기억력이 꽤 괜찮은 편이어서 영화를 보다가 카메라 무빙[2]이나 특정 시퀀스[3]가 마음에 들면 기억해뒀다가 다음 작업에 참고하기도 해요.

콘티 작가 경력 초반과 현재의 마음가짐을 비교했을 때 변화가 생긴 점이 있나요?

음. 뭐가 달라졌을까. 달라진 부분이 있네요. 처음에는 작품 하나하나 작업할 때마다 긴장을 했던 것 같아요. 준비도 굉장히 많이 해갔죠. 정말 무식하게 열심히 했

---

2 카메라 무빙(Camera moving): 카메라가 움직이거나 카메라는 움직이지 않고 카메라 헤드만 움직이며 촬영하는 기법을 의미한다.

3 시퀀스(Sequence): 몇 개의 장면이 모여 특정 상황의 시작부터 끝까지를 묘사하는 영상 단락을 의미한다.

어요. 링거 꽂고서 일했거든요. 지금은 그렇게까지는 안 해요. 말하고 보니 스스로 흉을 보는 것 같네요(웃음).

경력이 쌓이면서 기본기와 실력도 함께 쌓였기 때문이 아닐까요?

관계자 분들이 그렇게 생각해주시면 감사한데 실제로 게을러진 측면도 있어요. 그만큼 제가 긴장하지 않고 여유 있게 접근한다는 의미이기도 해요. 사실 15년 가까이 이 일을 하다 보니 제 눈높이가 높아졌기 때문이기도 하죠. 보고 들은 것이 많으니까. 요즘은 작업한 결과물에 만족하는 경우가 별로 없더라고요. 잘 몰랐던 예전에는 결과물이 나온 것만으로도 감탄이 나왔는데 지금은 '왜 저렇게 찍었지?', '저렇게 구성하지 말걸.' 하면서 아쉬운 점이 더 많이 보이더라고요.

작업했던 영화 중 특히 아쉬움이 남은 작품이 있는지도 궁금하네요.

<내가 죽던 날>이에요. 시나리오가 정말 마음에 들었어요. 사실 이전 작품을 끝내고 체력적으로 많이 힘들어서 당분간 쉬어야겠다는 생각이었거든요. 의뢰가 들어오는 시나리오를 모두 거절하던 상황이었는데 박지

완 감독님이 자신 있게 읽어 보라고 주시는 거예요. 딱 잘라 안 하겠다고 할 수는 없어서 읽었는데 정말 좋았어요. 그 자리에서 쭉 읽어 내려갔어요. 이런 형태의 시나리오가 크게 흥행하기 어려운 전개라는 사실을 알고 있음에도 불구하고 작업하겠다고 했죠. 저예산 영화다 보니 프리 프로덕션 단계부터 아쉬움이 많았어요. 예산이 더 넉넉하고 제작 기간도 길었으면 더 많은 이야기를 다룰 수 있었던 작품인데 참 아쉽더라고요.

만약 본인의 가족이 콘티 작가를 직업으로 선택하겠다고 한다면 추천하고 싶은가요?

저는 콘티 작가를 추천해요. 좋은 직업이라고 생각하고요. 예전에는 수요가 많지 않았지만 최근에는 많아졌어요. 이 분야로 잘 진입해서 어느 정도 자리를 잡는다면 나이가 들어서도 충분히 할 수 있는 직업이기도 해요. 물론 나이가 들수록 감독, 촬영 감독, 스태프들의 연령이 낮아지면서 힘든 부분도 생기겠죠(웃음). 그만큼 노하우가 중요한 직업이에요.

'책을 많이 읽으세요.'라는 이야기보다 좋은 영화를 여러 번 보라고 말씀드리고 싶어요. 정말 더 많은 것이 보이거든요. 그림 실력과 같이 기술적인 부분은 어느 정도 기본 실력이 있어야 하겠지만, 다른 모든 부분을 갖춘 후에 도전하는 직업은 아니에요. 감독님들과 작업을 진행하면서 실력을 쌓아가는 것이 더 좋을 거예요.

다른 작가님들은 건강과 관련된 이야기도 하시던데요(웃음).
그래요? 다들 몸이 안 좋으시대요(웃음)? 맞아요. 눈 건강도 챙겨야 하고, 허리 디스크도 다들 갖고 있는 것 같아요. 저도 디스크 증상이 있는 데다 거북목이고. 전형적인 직업병이죠.

콘티 작가가 되기 위해 진지하게 고민하는 분들에게 추천하고 싶은 공부 방법이 있다면 소개 부탁합니다.
무식한 방법으로 연습했던 적이 있어요(웃음). 제가 좋아하는 영화의 몇몇 시퀀스를 쭉 그렸어요. 편한 마음으로 그리는 거죠. 그리고 가끔씩 음소거를 해두고서 영화 화면만 볼 때도 있어요. 물론 처음 보는 영화 말고 많이 봤던 영화 위주로. 그러면 소리 없이 집중하면서 장면 장면이 더 명확하게 보이거든요. 소리를 켜두고 봤을 때는 장면 전환이 너무 빨라서 놓쳤던 부분들이 음소거를 해두고 보면 보이기 시작해요.

콘티뉴이티가 좋아서 추천해주고 싶은 영화는 폴 토머스 앤더슨(Paul Thomas Anderson) 감독이 제작한 영화들이에요. 로버트 알트만(Robert Altman) 감독의 영화도 등장인물들의 동선을 굉장히 잘 활용하고 있어서 작업에 도움이 많이 되더라고요. 그리고 이윤기 감독님과 <멋진 하루>를 작업하면서도 동선에 대해 많이 배웠어요. 그동안 인물의 움직이는 구도에 대해 크게 고민하지 않았는데, 이 영화가 워낙 한정된 공간에서 많은 이야기를 다뤄야 하다 보니 인물들의 관계, 인물의 배치를 기반으로 적절한 동선을 만들어 가시더라고요. 장면 자체를 고민하기 전에 이런 부분을 접해보는 것도 많은 도움이 될 거예요.

지인들에게 본인의 직업을 어떻게 소개하는지도 궁금합니다.
'감독이 원하는 것을 그림으로 미리 표현하는 직업이야.'라고 이야기해요. 이 정도로 설명하고 넘어가요. 대부분 신기하게 바라보는 편이에요.

그렇다면 영화를 관람하는 일반 관객들이 콘티 작가를 어떻게 바라봐 주었으면 하나요?
따로 생각해본 적은 없어요. 저에게는 이 일이 제 직

업이라서 하고 있는 거예요. 다른 사람들이 어떻게 바라보든 제가 만족하면 된다고 생각해요. '이런 직업이 있으니까 날 알아봐 줘.'라고 할 필요가 없는 거죠. 콘티 작가가 '그림자' 같다는 표현이 있어요. 한 편의 영화가 만들어졌는데 제삼자가 바라보면 저는 그저 그림만 그려준 사람이거든요. 이 영화를 만들기 위해 콘티 작가가 얼마나 참여했는지 잘 모르기도 하고 궁금해하지 않으니까. 일례로 여러 영화제에서 콘티 작가에게는 수여되는 상이 없잖아요. 그 부분이 단점이면서 동시에 저에게는 장점으로 느껴지기도 해요. 자유로운 측면이 있는 만큼 저의 위치에서 제 의견을 좀 더 과감하게 던질 수 있거든요(웃음).

마지막 질문입니다. 앞으로 국내 영화 업계에서 콘티 작가라는 직군이 어떻게 발전할 것으로 예상하는지 의견을 듣고 싶습니다.

아직은 콘티 작가가 확실하게 필요한 상황이에요. 하지만 콘티 작가의 수요나 공급이 양적으로는 늘어날 수 있을지 몰라도 직업이 갖고 있는 위상 자체가 더 높아질 거라고 생각하지는 않아요. 콘티 작가는 기본적으로 연출의 영역에 속하기 때문에 정식 연출자가 되지 않는 한 '콘티 작가' 그 이상으로 넘어가기 쉽지 않죠. 주어진 시장의 크기 안에서 각자의 몫을 조금씩 늘려가는 정도일 기예요.

게다가 기술이 발전하면서 디지털 이미지 작업을 할 수 있는 소프트웨어가 많이 등장하고 있어요. 나중에는 콘티 작가의 작업을 충분히 대체할 수 있겠죠. 이미 프리 비주얼라이제이션 작업에도 많이 사용되고 있고요. 이런 점들을 고려해 봤을 때, 현재 시점에서 이 직업을 추천하는 것과는 별개로 소프트웨어 활용 능력을 개발하는 등 앞으로 더 노력해야 한다고 생각해요.

PERSON 04

영화 콘티 작가는
구체적으로 표현한다

정윤선

PERSON 04
정윤선

현재 어떤 일을 하는지 자기소개 부탁드립니다.

정윤선이라고 해요. 주로 영화 콘티를 만들고 드라마나 뮤직비디오, 광고 분야에서도 콘티 작업을 진행하고 있어요. <미스터 주: 사라진 VIP>, <8일의 밤>, <소리꾼>, <리미트>, <레슬러>, <이웃사촌>, <롱 리브 더 킹: 목포 영웅> 등을 작업했어요. <국가대표2>, <비정규직 특수요원>, <지금 만나러 갑니다>에 보조 작가로 참여하기도 했고요.

콘티 작업을 처음 시작한 계기와 시기가 궁금합니다.

2013년쯤 한 작품의 스크립터로 일하다가 우연한 기회에 콘티 작업을 하게 됐어요. 콘티 작가 없이 진행하던 상업 영화였는데, 제가 대학생 때부터 콘티를 자주 그리긴 했지만 실력이 많이 부족했음에도 일을 맡겨주셨죠. 같은 해에 또 다른 작품에서도 스크립터로 일하고 있었는데 기존에 작업하시던 콘티 작가분이 일정상 문제로 중간에 그만두셨어요. 아직 정리가 안 된 콘티가 많았던 상황이라 나머지 작업을 제가 했죠. 지금은 태블릿 PC로 그리고 있지만 당시에는 손으로 그림을 그렸던 기억이 나요.

우연한 기회로 콘티를 그리기 시작했네요. 어렸을 적부터 콘티 작가를 꿈꿨었나요?

뜬금없지만 원래 꿈은 성우였어요. 자연스레 방송 고등학교로 진학했죠. 학교 교과목 중 영상, 영화와 관련된 수업이 있었거든요. 자연스레 콘티를 접했어요. 그때부터 사람들이 '너는 왜 영상을 공부해? 꿈이 뭐야?'라고 물어보면 아무 고민 없이 '저는 콘티 작가가 될 거예요.'라고 말했던 것 같아요. 대학교도 영화과로 진학했는데, 주변 사람들이 '너 감독할 거야?'라고 물어보면 '아뇨. 저는 콘티 작가 할 거예요.'라고 대답했어요. 계속 이야기를 하다 보니 말이 씨가 된 것 같아요 (웃음).

어렸을 적 꿈꿨던 시기부터 현재까지 작업해 온 경험을 토대로 정의 내려보면 콘티 작가는 어떤 직업인가요?

영상 연출이 필요한 장면을 위해 아이디어 회의를 하고 의사 결정된 장면들을 그림으로 그려내는 작업을 해요. 결국 영상을 어떤 식으로 표현할지 구체화하는 직업이에요. 콘티는 글로 표현되어 있는 시나리오를 그림으로 그려서, 영화를 제작하는 스태프 모두가 머릿속에서 같은 내용을 공유할 수 있도록 도와주는 소통 도구거든요. 작품을 제작할 때 모두가 편하게 작업할 수 있도록 여러모로 신경 써야 할 부분이 있어요.

그렇다고 마냥 그림만 그리는 것도 아니에요. 어떤 형태로 관객들에게 메시지를 전달할 것인지에 대한 아이디어 싸움이기도 하죠. 보통 콘티 작업을 그림만 잘 그리면 된다고 생각하는 분들도 많은데, 연출과 영상에 대한 이해력이 상당히 중요해요.

그렇다면 콘티 작가에게 필요한 여러 역량 중에서 어떤 능력이 우선순위라고 생각하나요?

방금 말씀드렸던 이해력이요. 시나리오를 얼마나 이해하고 있느냐가 중요해요. 같은 맥락에서 감독님이 어떤 내용을 말씀하고 있는지, 촬영 감독님이 원하는 앵글이 무엇인지 파악해야 이를 반영해서 그림을 그릴 수 있으니까. 아이디어를 내고 싶어도 시나리오에 대해 완벽하게 이해하고 있어야 가능한 일이죠. 작화 실력은 정말 기본적인 부분이에요.

시나리오는 글로 표현되어 있고 이를 그림으로 구체화하는 역할이다 보니 작가의 창의성이 그림에 반영될 것 같아요. 한 작품의 스토리보드를 만드는 데 콘티 작가가 미치는 영향력의 비중은 어느 정도인가요?

상황에 따라 다르지만 30%에서 40% 정도 된다고 봐요. 콘티도 디자인의 영역이잖아요. 콘티는 카메라 앵글은 물론, 카메라의 동선까지 표현해야 해요. 움직임을 표현할 때 화살표를 주로 사용하죠. 이렇게 세세한 부분을 콘티 작가가 직접 표현하고 디자인할 수 있기 때문에 그 영향력이 적지 않아요.

콘티 완성 후 촬영 작업에서 스토리보드와 얼마나 흡사한 정도로 촬영하는지도 궁금하네요.

콘티대로 찍는 영화들은 거의 콘티대로 완성돼요. 저도 영화를 보면서 콘티 그림이 떠오를 정도로 깜짝 놀랄 때가 있어요. 물론 세부적인 부분에서는 차이가 날 수밖에 없지만 큰 틀은 벗어나지 않는 것 같아요. 촬영감독님이 현장에 갔을 때 사전에 기획했던 것보다 더 예쁜 그림을 찍으실 때도 있고, 콘티에는 없지만 현장에서 판단하기에 더 필요한 장면을 촬영할 때도 있어요. 감독님의 성향에 따라 달라지는 것 같아요. 콘티를 가이드라인 정도로 생각하는 분도 있고 철저한 기획 단계로 생각하는 분도 계시죠. 어떤 경우가 됐든 콘티 회의에서는 세심한 부분까지 열정적으로 토론하는 편이에요.

콘티 안에는 겉으로 보이는 그림 이상의 많은 고민과 내용이 담겨 있네요.

저는 그림만 그리는 작가가 되지 않기 위해 노력하는 편이에요. 그림을 잘 그리는 사람이 필요하다면 웹툰 작가들이 콘티를 그리는 것이 오히려 완성도가 높을 거예요. 콘티 작가가 필요한 이유는 시나리오에 대한 이해도를 기반으로 장면의 앵글 등 아이디어가 반영되어야 하기 때문이에요.

이런 아이디어를 정리하고 반영하기 위해 사전에 리서치 작업을 별도로 하나요?

새로운 작품을 시작하기 전에 비슷한 장르나 전개의 작품을 찾아보지만 참고하는 정도예요. 레퍼런스 영상을 반드시 필요로 하는 경우도 있지만, 대부분의 작품마다 그 작품의 색이 있는데 굳이 다른 영화를 따라가야 하는지 의문이 들어서요. 각 영화만의 특별한 느낌을 찾아내는 것이 중요하다고 생각해요. 감독님, 촬영 감독님과 사전에 많은 이야기를 나누며 작품의 방향성을 이해하는 것이 우선이에요. 레퍼런스 활용은 그다음이고요.

물론 색다른 촬영 기법이나 좋은 연출법을 참고하는 것도 중요하기 때문에 평소 여러 영화를 보면서 좋은 장면을 찾아 분석하기도 하죠. 장면을 잘 구성한 영화들이 있거든요. '왜 이렇게 찍었을까?' 고민하며 공부하는 편이에요.

언급해 주셨듯, 작품 고유의 색깔을 드러내는 것이 중요할 텐데요. 원작이 있는 경우 원작과의 차별화를 얼마나 고려하는지 궁금합니다.

역시 사람마다, 작품마다 달라요. <리미트>도 원작이 있는 경우였는데 아예 원작을 안 봤어요. 감독님께서도 보지 말라고 하셨죠. 원작은 일본 정서가 강해서 한국의 느낌으로 바꿔 제작하고 싶다고 하셨거든요. 반대로 제가 보조로 참여했던 <지금 만나러 갑니다>는 일본 원작의 감성이 잘 어울리는 영화였기 때문에 이를 참고하기 위해서 몇 번 더 챙겨봤던 기억이 나요.

비슷한 맥락에서 영화 제작을 연출적으로 접근하다 보면 기존 영화 문법이 정답으로 느껴질 때가 있죠.

> 마찬가지로 영화마다 달라요. 단편영화의 경우 기존 영화와 색이 다른 예술적인 표현을 선호하지만 상업영화는 기존 영화 문법을 많이 따라가죠. 그리고 각 작품의 방향성에 따라 또 나뉘고요. 작품의 특성마다 다르겠지만 저 역시 상업영화 콘티 작업을 할 때는 영화 문법을 굳이 벗어나려고 하지 않아요. 시나리오를 쭉 보면서 각 인물의 감성선을 먼저 파악해요. 이렇게 이해한 상황에서 색다른 장면이 필요하다 싶으면 그때 새로움을 가미하려 하고요.

장면 구성 측면에서 선호하는 감독 또는 영화가 있나요?

> <라이프 오브 파이(Life of Pi)>를 좋아해요. 시나리오가 좋고 비유적으로 표현하는 기법도, 장면 구성도 좋아요. 볼 때마다 새롭게 해석돼요. 정말 잘 만든 영화라고 생각해요.

<라이프 오브 파이>와 같이 CG 작업이 많은 영화는 콘티를 작업할 때 기술적인 측면도 고려해야겠어요.

> 그렇죠. CG 작업 분량이 많은 영화는 우선 시나리오

를 기반으로 콘티를 만든 다음 CG 회의를 다시 한번 거쳐서 수정해요. 만약 기술적으로 불가능한 장면이 있으면 대체할 다른 그림을 그려 넣는 식이죠.

촬영 현장에서 직접 콘티 작업을 했던 경험이 있나요? 이 질문을 하면 대부분 웃으시더라고요(웃음).

네. 맞아요(웃음). 저도 많지는 않지만 세 번 정도 있었어요. 스크립터로 참여하다가 콘티 작업을 하게 됐던 첫 작품의 경우 제가 촬영 현장에 있었어서 그렇게 진행했죠. 감독님이 저에게 언제든 요청할 수 있는 환경이다 보니. 또 한 번은 촬영 작업 이전에 콘티 회의가 다 마무리되지 않았던 적이 있어요. 제가 직접 경북 영양으로 넘어가 보름이 넘는 동안 모텔 방에 박혀서 콘티 작업만 하다 왔죠.

앞서 콘티 작가의 전문성에 대한 이야기를 나눴죠. 본질적으로 그림 실력은 필수일 텐데, 콘티 작가에게 '그림을 잘 그린다'라는 표현은 어떤 의미가 담겨 있을까요?

앵글을 잘 표현하는 것이라고 봐요. 영상으로 찍고자 하는 것이 무엇인지 명확하게 담겨 있는 그림이 좋은 콘티예요. 아무리 작화를 잘해도 어떤 장면을 어떻게 찍어야 하는지가 드러나지 않으면 콘티로써 역할을 못 한다고 생각해요.

그렇다면 그리기 어려운 장면이나 영화 장르가 있나요?

사람이 많이 나오는 장면은 작업 시간이 오래 걸려요(웃음). <롱 리브 더 킹: 목포 영웅>을 작업했을 때 첫 장면이 시위 장면이었어요. 한 명 한 명 시위하는 모습을 그려야 해서 힘들었던 기억이 있어요. 게다가 액션 장면도 반영되어야 했거든요. 보통 콘티의 가장 첫 장면은 힘을 줘서 그리는 편이에요. 콘티의 첫 번째 장에 바로 보이다 보니. 첫 장면인 데다 많은 사람이 등장하는 장면이라 더 많은 시간과 공을 들인 콘티였어요.

콘티 작가 대부분 프리랜서 형태로 일을 하다 보니 특성상 불안함을 안은 채 작업을 할 수밖에 없을 것 같아요.

오히려 예전에 콘티 회사에서 일하던 시기가 더 힘들었어요. 콘티라는 작업은 회사 단위로 진행되기 힘든 형태거든요. 회사에 속해 있을 때는 월급을 안정적으로 받을 수 있지만 새로운 일이 계속 들어오다 보니 하나의 작품에 집중할 수 없었어요. 애착을 갖고 작업하고 싶어도 회사가 원하는 작업을 먼저 해야 했죠. 정이

붙은 작품을 다른 사람에게 넘기는 것도 마음 아프고.

프리랜서로 작업할 때 더 애착과 책임감을 갖고서 임할 수 있어요. 작업료야 한 작품을 끝내면 어느 정도 먹고살 수 있는 만큼의 액수가 들어와요(웃음). 가끔씩 작업 의뢰가 들어오지 않을 때 걱정이 되긴 하지만 '곧 들어오겠지.'라는 생각으로 잘 넘겨요. 워낙 대책 없는 성격이라서.

주변 작가들을 둘러봤을 때 콘티 작가가 되기 위해 밟아야 하는 경력 경로가 따로 존재하나요?

지금 현장에는 '나는 콘티 작가 할 거야.'라는 생각을 갖고 시작했던 분은 거의 없는 것 같아요. 영화 현장에서 스태프로 일하다가 그림 그리는 재능을 활용해서 넘어오는 경우가 대부분인 것 같더라고요. 영화 이해도가 있고 작화 실력까지 뒷받침된다면 바로 현장에서 일해도 되지 않을까 싶어요. 저는 대학생 작품이나 저예산 단편영화 콘티 작업으로 시작하는 것을 추천해요.

작품의 프리 프로덕션 단계에만 참여하는 특성상 여러 작품을 동시에 작업할 수도 있을 것 같아요.

 앞서 언급했듯 회사에서 작업할 때는 항상 그랬어요. 한 작품에 집중하고 싶어도 그러지 못했죠. 회사 소속으로 진행된 작품의 콘티 작업을 미처 다 끝내지 못한 채, 또 다른 작품을 시작해야 했던 적이 있어요. 새로운 작품 작업을 위해 가평에서 일주일 동안 작업해야 했는데, 오후까지 그 작품 회의를 마치고 새벽까지 이전 작품 콘티를 그리고 아침에 다시 새 작품 회의에 들어갔어요. 두 영화 모두에 집중도가 많이 떨어지게 되더라고요. 이렇다 보니 프리랜서로 일하는 요즘은 의뢰가 동시에 들어오면 한 작품만 택하고 다른 작가님을 소개해 드려요.

반대로 한 작품을 여러 작가가 협업하는 경우도 있었나요?

 <소리꾼> 작업할 때 그랬어요. 제 사수 작가님과 같이 작업했었거든요. 제 실력이 어느 정도 성숙했다고 판단하시고서 공동 작가 형태로 진행했어요. 서로 동등한 위치에서 한 명이 일정이 바쁠 때 다른 사람이 회의를 참석하는 식이었죠. 함께 머리를 맞대고 여러 아이디어를 생각해 낼 수 있어서 좋았던 경험이에요. 물론

작업료는 반으로 나뉘었지만(웃음).

영화뿐 아니라 드라마, 광고 등 다른 분야에도 콘티 단계가 있죠. 분야마다 작업의 성격이 다를 텐데 본인에게는 어떤 분야의 작업이 가장 맞는 편인가요?

> 영화예요. 뮤직비디오 작업을 하다가 이런 적이 있었어요. 장면 연출에 대한 아이디어를 하나 제시했더니 '저 영화적인 컷.'이라고 하시는 거예요. 농담인지 감탄인지 모르겠지만 그 말을 듣고 속으로 기분이 좋았어요. '이제 내가 영화적인 컷을 구성하고 있구나.'라면서(웃음). 영화는 다른 영상들보다 장면 하나하나에 더 많은 의미를 부여해서 좋더라고요.

8년 전 이 일을 처음 시작했을 때와 지금 모습을 비교해 봤을 때 마음가짐에서 달라진 점이 있다면 어떤 부분인가요?

> 초창기에는 제 생각에 집중했던 것 같아요. 시나리오를 읽고서 '난 이 흐름보다 저 흐름이 맞는 것 같은데?'라는 생각이 먼저 들어서 이에 대한 의견을 계속 주장했어요. 지금 생각해 보면 어린 나이에 '제 생각이 맞아요.', '감독님, 이 내용은 영 아닌 것 같은데요.'라는 식으로 말했었는데(웃음). 지금은 감독님의 의도가 무

엇인지 더 이해하려고 노력해요. 감독님이 어떤 생각으로 시나리오를 구성했는지 그 의도를 파악하고 어떻게 도움을 드릴 수 있을지 고민하죠.

연출가들과 소통할 때 특별히 어렵다고 느껴지는 지점이 있나요?

예를 들어 자녀가 납치되고 부모가 자녀를 찾아가면서 사랑을 표현하는 이야기를 담은 영화가 있다고 할게요. 저는 납치를 당하기 전에 부모가 자녀를 더 아껴야 한다는 생각이었어요. 많은 사랑을 주고 있다가 납치를 당했을 때 아이를 찾으면서 느끼는 그 감정이 훨씬 애절할 것 같다는 생각으로. 반면 감독님께서는 납치를 당하기 전까지 무관심해야 납치 이후에 못해 줬던 것들이 생각나면서 사랑이 더 커질 수 있다고 하셨어요. 정답이 없는 부분이죠. 둘 다 맞는 말이라. 물론 저는 감독님 말씀을 듣고 설득당했지만(웃음). 서로 생각하는 관점이 다른 거니까. 결국 어떤 구성이 영화 전체에 더 효과적일지 고민해서 제 의견을 제시해야 돼요. 상대방의 관점을 설득하는 과정이 어려운 것 같아요.

송선찬 작가님(5장 인터뷰이)과 류현 작가님(6장 인터뷰이) 두 분을 사수로 두고 일을 배우셨죠.

> 네. 송선찬 작가님은 제가 회사에 있을 때 저를 이끌어 주셨고, 류현 작가님은 프리랜서로 일할 때 많이 알려 주셨어요. 송 작가님과 작업할 때는 실무적인 업무 진행 과정을 배웠고, 류현 작가님과는 시나리오에 대한 이야기를 자주 나눴어요.

이와 같이 사수와 부사수 관계로 콘티 업무를 배워가는 체계를 통해 얻을 수 있는 가장 큰 장점이 무엇인가요?

> 대부분의 콘티 작가가 실제 회의에 참석하고 현장에서 부딪히면서 성장하는 경우가 많은 것 같아요. 콘티 전공이나 관련 교육이 따로 있는 것도 아니라서. 그런 의미에서 부사수로 일을 시작하면 배울 수 있는 기회가 많아져요. 스토리보드 작가가 되기 위해서 반드시 거쳐야 하는 과정으로 생각해요. 저는 첫 작품부터 혼자 작업을 했다 보니 당연하게도 정말 부족한 부분이 많았거든요. 부사수로 일한 경험이 확실히 많은 도움이 됐죠.

글, 말, 그림 등 여러 의사소통 방식이 존재하죠. 콘티 작가는 아무래도 그림으로 소통하는 편이 가장 편하겠어요.

확실히 그림이 편해요. 각자 생각하는 내용이 다르고 각자 하는 이야기가 다르잖아요. 제가 생각하는 바를 그림으로 그리면 합의가 돼요. 꼭 업무 회의가 아니더라도 친구와 대화를 나눌 때도 '기다려 봐. 내가 그림으로 설명해 줄게.' 하면서 그림으로 소통해요.

동생도 영화 콘티 작업을 하고 있다고 들었어요. 서로 업무적으로 도움을 주고받을 수 있을 것 같아요.

동생이 이 업종에서 같이 일하는 덕분에 오히려 제가 도움을 더 받는 것 같아요. 동생은 그림을 정식으로 공부했기 때문에 채색이 뛰어나요. 반대로 저는 채색을 배운 적이 없어서 많이 힘들어하는 편이라 동생이 많이 도와주죠. 반대로 저는 장면의 앵글 등에 대해 공부를 했다 보니 동생이 장면 구성을 어려워할 때 의견을 줄 때가 있고. 이렇게 서로 그리다가 막히는 부분이 있으면 도움을 줄 때가 있어요. 각 영화 엔딩 크레디트에 이름이 올라가지 않을 뿐이지, 제가 작업한 콘티에 동생 손길이 닿지 않은 것이 없고, 동생이 작업한 콘티에 제 손길이 닿지 않은 것이 없어요. 그래서 요즘에는 아예 서로를 보조작가로 섭외해서 크레디트에 함께 이름을 올려 보려 하고 있어요. 혼자 작업할 때의 결과물보다 함께 작업하는 콘티의 완성도가 훨씬 높거든요.

동생에게 처음 콘티 작업에 대해 설명해 줬던 때를 떠올려 봤을 때, 콘티 작가가 되고 싶어 하는 이들을 위해 추천해 주고 싶은 책이나 영화, 자료가 있다면 무엇인가요?

영화 연출과 관련된 책들을 보여 주면서 '이런 식으로 장면을 구성해야 돼.'라고 했던 것 같아요. 동생이 영화를 전공한 것은 아니라서 장면을 구성하는 능력이 부족했었거든요. 초반에는 연출법을 중점으로 알려 줬던 것 같아요. 게다가 예전에는 콘티 작업이 인지도가 높지 않아서 검색을 해도 자료가 많지 않았는데, 지금은 영상 콘텐츠를 쉽게 접할 수 있게 되기도 했고 봉준호 감독님의 <기생충> 이후로 콘티라는 개념이 더 알려져서 관련 정보가 많아졌어요. 콘티 작업은 직접 경험해 봐야 한다고 앞서 언급했지만 정말 자료가 풍성해졌다 보니 '굳이 경험을 안 해도 되지 않을까?' 생각이 들 정도예요. 예전보다 대중적으로 많이 알려진 덕분에 콘티 작가가 되고 싶다는 사람이 많이 늘었어요. 잠깐 검색해 봐도 알 수 있더라고요. 심지어 제 주변에도 있고요.

스토리보드를 공부할 때 꼭 필요한 앵글 구성에 관하여 참고하기 좋은 건 《영화의 이해(Understanding Movies)》라는 책이에요. 기본이 잘 정리되어 있어요. 제가 대학생 때 들고 다니며 공부했던 책인데, 영화를 공부하는 분이라면 반드시 읽어야 한다고 생각해요. 촬영법, 구도, 디자인 등 여러 영화를 예시로 들면서 왜 그런 샷이 나왔는지 예술적인 분석법과 이유에 대해 참고하기 좋게 설명해 주고 있어요. 특히 '미장센'이라는 목록에서 '텅 빈 공간. 중요하지 않은 엑스트라가 타인들 중 한 사람으로서 왼편에 서 있다.'라는 식으로 지문을 해당 영화 장면과 함께 배치했어요. 인물을 장면 어떤 곳에 위치시키고, 어떤 이유로 그 공간에 위치시켰는지 설명이 잘 되어 있어서 이해하기도 쉬워요. 제가 콘티를 구성할 때도 참고를 하고 있죠. 정말 좋은 책이에요.

그렇다면 전반적인 관점에서 후배 작가들에게 조언해 주고 싶은 내용이 있나요?

우선 건강에 대한 부분이죠. 오랜 시간 앉아서 작업을

하는 직업이다 보니 어린 나이에 허리 디스크가 생겼어요. 마감을 하는 시기가 되면 손목도 아프고. 쉬는 기간에는 괜찮아지는데 마감이 다가올수록 다시 아프더라고요. 밤낮도 자주 바뀌고 카페인 섭취도 잦기 때문에 건강에 그리 좋은 직업은 아니에요(웃음). 그래도 더운 날 시원한 곳에서, 추운 날 따뜻한 곳에서 일할 수 있다는 점은 정말 좋아요.

작가의 자질을 갖추는 것에 대한 조언이라면 평소 좋아하는 영화나 애니메이션을 보면서 한 장면 한 장면 따라 그려 보기를 추천해요. 많은 도움이 돼요. 그림 실력은 많이 그릴수록 자연스럽게 늘기 때문에 굳이 돈을 들이면서 학원을 다닐 필요는 없다고 봐요. 오히려 연출에 대한 공부를 많이 하면 좋겠어요. 방금 말씀드렸듯 좋아하는 영상을 보면서 '이 영화에서는 왜 이런 장면으로 촬영했을까?'에 대한 고민을 해보는 거예요.

소통 능력도 중요해요. 동생에게도 항상 이에 대한 조언을 많이 하는데요. 연출 회의는 어떻게 보면 서로의 아이디어가 충돌할 수 있는 자리이기 때문에 힘든 경우들이 생겨요. 의견이 너무 맞지 않을 때는 다툼으로 이어질 수도 있기 때문에 작가 본인부터 평정심을 가져야 하고, 때에 따라서 조율도 잘해야 돼요. 동생에게도 '네 주장만 펼치지 말고 감독님의 의도를 이해하려고 노력해 봐.', '네가 다 이끌어 가려 하지 말고 감독님에게 도움이 될 수 있는 방안을 먼저 찾아봐.'라고 말해 주죠.

영화를 즐기는 일반 관객들이 콘티 작가를 어떤 직업으로 바라봐 줬으면 하나요?

보통 영화 한 편이 제작되면 감독님과 배우들에게만 스포트라이트가 맞춰지잖아요. 사실 영화 제작 과정 안에서 없어서는 안 될 많은 전문가가 중요한 자리에서 정말 많은 노력을 하고 있어요. 콘티 작가도 그중 한 명으로 인식하고서 '이 영화가 완성되기 전에 미리 기획되었던 콘티라는 것이 있었구나.' 정도로만 알아주셔도 너무 기쁠 것 같아요.

영화 콘티 작업을 통해 사회에 어떤 형태로 영향을 미치고 있다고 생각하나요?

영상 콘텐츠가 급격한 발전을 이루었잖아요. 발전한

만큼 소비자도 많아졌고. 그만큼 영상이 주는 메시지의 파급력이 커졌기 때문에, 저 같은 경우 영화의 메시지를 어떤 그림으로 표현해야 할지에 대해 고민이 더욱 많아졌어요. 콘티 회의라는 자리가 그런 자리였다는 걸 다시금 느끼고 있어요.

마지막 질문입니다. 앞으로 영화 콘티 작가라는 직군이 어떤 방향과 형태를 따라 발전하게 될까요?

요즘에는 기술이 워낙 발전해서 콘티를 그려주는 소프트웨어가 많이 등장했어요. 처음에는 이러다 밥 굶는 거 아닌가 싶었죠(웃음). 적어도 아직까지는 기계가 할 수 없는 것들이 있어요. 콘티 작가가 그림만 그리는 게 아니거든요. 장면을 구성하는 능력이 정말 중요해요. 애니메틱스, 프리 비주얼라이제이션 등에 대한 실력을 계속 키워가야 하겠지만, 이 직업의 본질 자체가 크게 변하지는 않을 것 같아요. 게다가 아무리 프로그램이 발달했다고 해도 회의를 진행하는 현장에서 사람이 바로 그리는 것만큼 빠르지는 않거든요(웃음).

PERSON 05

영화 콘티 작가는
시각화된 시나리오를 만든다

송선찬

PERSON 05
송선찬

간단한 자기소개 부탁합니다.

송선찬이라고 합니다. 2003년에 대학을 졸업하고 나서 콘티를 시작했어요. 한 우물만 계속 팠죠. 아버지께서 '뭘 해도 10년 동안 한 우물을 파 봐야지.'라고 하셨거든요. 경력 초반에는 콘티 작가가 박봉이다 보니까 5년쯤 되던 해에 '그만 파고 다른 거 해라.'라고 하셨어요(웃음). 어찌 됐든 오기로 버티며 지금까지 콘티 작업을 하고 있습니다.

콘티 작업했던 작품들 중 기억에 남는 영화들도 함께 소개해 주세요.

<친절한 금자씨> 콘티 보조 작가로 시작했어요. 메인 작가로는 <로망스>가 첫 작품이에요. 그 뒤로 <인형사>, <천하장사 마돈나>, <중천>, <1번가의 기적>, <헨젤과 그레텔>, <더 게임>, <마이 뉴 파트너>, <무림 여대생>을 작업했고. <좋은 놈, 나쁜 놈, 이상한 놈>은 공동으로 작업했어요. 그 외에 <미쓰 홍당무>, <인사동 스캔들>, <김씨 표류기>, <국가대표>, <사요나라

이츠카>, <무적자>, <초능력자>, <체포왕>, <고지전>, <광해>, <더 웹툰>, <감시자들>, <런닝맨>, <감기>, <소수의견>, <플랜맨>, <마스터>, <백두산> 등이 있어요.

정말 많은 영화의 콘티를 만들었네요. 어떤 계기로 콘티 작가가 되었는지도 궁금합니다.

> 어렸을 적부터 낙서를 좋아하는 아이였어요. 미술을 전공으로 선택하지는 않았지만 평소에 취미로 계속해서 그림을 그렸죠. 광고 전공이 그나마 미술과 관련 있을 것 같아서 선택했는데, 기획이나 마케팅을 배우지 그림과는 전혀 관련이 없는 거예요. 동아리 생활만 열심히 했죠. 그렇게 지내다가 졸업이 다가올 때쯤, 먼저 졸업해서 광고 회사에 들어간 여자 동기에게서 연락이 왔어요. 제가 그 친구에게 '어떤 일이 됐든 그림으로 먹고살고 싶다.'라는 이야기를 했었거든요. 아는 광고 프로덕션에서 콘티 작가를 뽑고 있으니까 지원해 보라고 하더라고요. 그렇게 2003년 초에 광고 회사에서 콘티를 처음 접했어요. 제가 그림을 좋아하긴 했지만 미술을 전공하지도 않았고 당시 제 실력으로는 그림을 팔 수도 없었거든요. 그 회사에서 처음 만난 형을

통해서 콘티 작업을 배우게 됐어요. 결국 입사 6개월 뒤에 그 형과 함께 영화 콘티 분야로 이동했죠. 처음부터 '나는 영화 콘티를 만들 거야.'라는 생각을 가졌던 것은 아니고 우연한 기회에 접하게 됐어요. 다행히 적성에 맞더라고요.

오랜 기간 콘티 작가로 일해오고 있는데요. 직업에 대한 정의를 어떻게 내리고 있나요?

시각화된 시나리오를 만드는 사람이 콘티 작가죠.

직관적이네요.

이와 관련해서 고민했던 적이 있어요. 애착 가는 영화 중 <김씨 표류기>가 있는데요. 제 직업에 대한 가치관은 <김씨 표류기> 이전과 이후로 나눌 수 있어요. 처음 콘티 작업했을 때는 감독님 머릿속에 있는 생각을 전사(轉寫)해서 '이대로 촬영하면 되겠다.'라는 말이 나올 만큼 그리려 했어요. 정말 무모하죠. 한 컷 한 컷 몰입하며 만화책을 만드는 것처럼 접근했었어요. <김씨 표류기> 콘티를 만들면서 작화보다 영화의 흐름을 아는 것이 중요하다는 생각을 하게 됐죠. 글 형태의 시나리오는 읽어 내려가면서 앞선 내용을 다시 볼 수도 있고 잠시 쉬었다가 읽을 수도 있잖아요. 그런데 영화는 그럴 수 없어요. 주어진 시간 안에서 이야기가 계속 흘러가고 있거든요. 게다가 콘티가 다 완성된 후 영상으로 옮기는 과정에서 또 각색돼요. 시나리오에서는 장황하게 설명했지만 몇 장면으로 압축되는 경우가 있죠. 이런 점을 염두에 두기 시작하면서 그림에 대한 집착을 버렸어요. 그림에 신경을 빼앗겨 버리면 흐름을 놓치게 되니까. 시나리오의 맥락을 파악해서 감독님들에게 적절한 제안을 주는 역할을 콘티 작가가 해야 하는 거죠.

이 지점에서 중요한 건 콘티에 정답이 없다는 점이에요. 하지만 오답은 존재하죠. 콘티 작가에게는 여러 시행착오를 거치며 쌓은, 이런 부분들을 판별할 수 있는 안목이 중요해요.

그렇다면 잘 그린 콘티라는 건 어떤 기준으로 판단할 수 있을까요?

콘티는 소모적인 것이에요. 촬영 현장에 붙여 놓고 촬영을 진행하면서 지워 나가죠. 콘티에 남는 장면이 모두 없어져야 좋은 상황이잖아요. 따라서 촬영을 준비할 때 한눈에 알아볼 수 있게 구도가 보이는 것이 잘 그린 콘티예요. 특정 상황을 빠르게 이해해서 그리는 능력도 중요해요. 많은 아이디어가 나오기 때문에 계속해서 수정하는 상황이 생기거든요. 결국 이 모든 점을 아우르는 기획력, 콘티뉴이티가 중요해져요.

전문 콘티 작가에게 중요한 소양이기도 하겠네요.

그렇죠. 감독은 각 부문의 의견을 취합해 빠르고 정확하게 의사결정을 하는 사람이고 촬영감독은 영상을 잘 찍는 사람, 배우는 연기를 잘하는 사람이에요. 미술 팀, 의상 팀, 분장 팀 모두 자신의 영역을 잘하는 사람들이죠. 콘티 작가는 콘티뉴이티를 정확히 구성해 내는 기획력을 갖춰야 해요.

콘티 작업은 연출 단계와 촬영 단계 사이에서, 또는 두 단계를 병행해서 이뤄지죠. 콘티 작가의 영향력은 어느 정도일지 궁금합니다.

작품마다, 사람마다 다를 수밖에 없어요. 우리나라 상업영화 콘티 작가는 농구에 비유하면 풀코트를 뛰는 거예요. 영화의 첫 번째 장면부터 마지막 장면까지 전체 분량의 콘티를 일단 다 그려요. 콘티대로 촬영을 하

든 안 하든 일단 그리죠. 이렇게 17년 동안 콘티를 그리다 보면 장르마다 겹치는 상황, 배경이 보여요. 새로운 작품에 들어가면 이상하게 튀는 부분이 자연스럽게 보이죠. 그때는 제가 잠시 진도를 멈추고 소통을 하기 시작해요. 결국 의사소통 방식과 정도의 차이예요. 회의 중에 제가 그림을 그리다가 표정이 일그러지면 경험 많은 감독님들은 바로 문제점을 파악하려 하죠.

같은 맥락에서 봤을 때 감독님의 경력이나 경험에 따라 작업 방식이 달라질 수 있겠네요.

네. 콘티 작업은 크게 세 가지로 나눠져요. 감독님이 그림을 그릴 줄 알거나 감독님 본인의 콘티가 존재해서 작가는 작화만 하는 경우가 있어요. 두 번째는 큰 모니터에 화면을 띄우고 함께 이야기하면서 한 컷 한 컷 그려 나가는 방식이에요. 하루 여섯 시간 정도를 이 회의에 할애하면서 콘티를 중심으로 제작이 진행돼요. 마지막은 장면별로 핵심 내용만 논의하고 콘티 작가가 정리를 하는 방식이에요. 정리해 온 콘티를 보면서 수정 회의를 거듭 진행하는 거죠.

첫 번째 경우는 특수한 경우고, 보통 두 번째 방식과

세 번째 방식이 비슷한 비중으로 이뤄지죠. 감독님 성향이 사전에 모든 것을 계획하고 일을 진행하는 쪽이라면 전자의 경우로 진행돼요. 작업을 진행하면서 의사결정을 하는 성격이라면 후자의 방식대로 작가에게 맡겨요. 콘티 작가가 가져오는 작업물을 일종의 제안으로 보는 거죠. 사실 후자를 택하는 감독님들의 제작 방식은 워낙 가변적이어서 촬영 현장에서도 콘티대로 진행이 안 될 때가 많아요. 그럼에도 큰 틀은 잡아두는 거죠.

콘티를 그리는 과정에서 장면 고증 등을 위해 리서치해야 하는 분량이 많은 편인가요?

작업 내내 계속돼요. 처음부터 끝까지 장면을 표현해야 하는 건 결국 콘티 작가이기 때문에. 그렇다고 대단한 조사를 한다기보다는 시나리오를 계속 보는 거예요. 깊게 파악하는 거죠. 혼자 작업을 하거나 함께 회의를 하거나 조금씩 그림을 다듬을 때도 시나리오를 항상 펴놔요. 물론 매번 시나리오의 처음부터 끝까지 다 읽는 건 아니고 필요한 부분들을 중점적으로 살펴보죠. 작업 중반이 넘어가면 머릿속에 대부분의 장면과 장면들 사이의 역학관계가 단번에 그려지죠. 콘티 작가에게 리서치는 이런 작업인 것 같아요.

촬영 현장에서 직접 콘티를 그려야 하는 경우도 발생한다고 들었습니다.

> 촬영 현장에 불렀을 때는 뭔가 문제가 있는 경우예요. 변수가 생긴 거죠. 보통 촬영 전날에 다음날 찍을 내용을 다 준비해놔요. 프리 프로덕션 단계에서 회의를 진행하며 여러 가지 가능성을 미리 맞춰보고. 그럼에도 종종 현장에서 문제가 발생하곤 해요.

콘티뉴이티 측면을 바라봤을 때 흔히 클리셰[1]라고 부르는, 이야기 전개에 전형적인 방법이 존재하는지 궁금합니다.

> 장면의 목적에 맞게 구성하는 것뿐인 것 같아요. 회의 자리에 참석했던 사람들 머릿속에서 나왔던 아이디어 중 해당 장면에 가장 맞는 요소를 찾는 거죠. 평소 사용하고 싶었던 레퍼런스를 억지로 대입하려고 하는 경우가 있어요. '이 레퍼런스를 사용하고 싶은데 어느 장면에다 사용하지?'라면서. 그런 경우 대부분 좋지

---

[1] 클리셰(Cliché): 영화나 드라마 등에서 진부한 장면이나 판에 박힌 대화, 상투적 줄거리, 전형적인 수법이나 표현을 의미한다.

않은 결과가 나와요(웃음).

원작이 있는 영화를 작업할 때는 고민이 더 깊어지겠어요.
    <지금 만나러 갑니다>가 대표적이죠. 리메이크 영화라 한국만의 정서를 찾기 위해 많은 생각을 했어요. 원작 후반부에서 세 명의 주인공이 부둥켜안고 있다가 어느 순간 여주인공이 떠나서 없어져요. 남주인공과 아들은 그 뒤로 계속 울고 있죠. 감정이 과하다는 느낌을 받았어요. 보는 사람을 지치게 할 수 있다고 생각했어요. 한국판을 작업할 때는 여주인공이 떠나는 그 자체로 끝나는 느낌을 주려고 했죠. 여운이 남아야 마무리 장면까지 뻗어갈 수 있는 동력이 생길 거라고 봤어요.

특히 그리기 까다로운 장면이나 상황이 있나요?
    콘티 회의에서 소통이 잘 이뤄지지 않는 것이 가장 큰 어려움이에요. 장면이나 상황 그 자체는 그리지 못할 것이 없어요. 소용없을 장면이나 가변적인 요소가 많은 장면을 그리지 않는 것이 중요하죠. 장소가 바뀌면 어떻게든 동선을 바꿔 장면을 그릴 수 있지만, 배우의 역량에 온전히 맡겨야 하는 경우는 아예 감정선이 바뀌거든요. 탁상공론의 한계죠. 결국 프로덕션 내에서

소통이 제대로 되지 않으면 좋은 콘티가 안 나와요.

보통 어떤 경로를 통해 콘티 입계로 진입하는지 궁금합니다.

대부분 콘티에 대해 잘 몰라요. 콘티 작가라는 직업이 있다는 것도. 저도 광고를 전공하면서 콘티라는 존재를 알게 됐거든요. 그림을 전공한다면 모르는 경우가 대부분일 거예요. 졸업할 때도 콘티 관련 직업을 추천해 주는 교수님은 없었어요. 아마 그림을 전공하지 않은 사람들이 꽤 많을 거예요. 이 측면이 장점이 될 수도 있어요. 콘티 작업의 특성상 '이것은 소모되는 그림이다.'라는 생각을 받아들일 수 있어야 편하거든요. 만약 그림을 정식으로 배운 전공자들이라면 이 소모감을 못 견뎠했을 거예요. 그림을 접하는 사람들에게 직접 전달해서 반응을 보고 싶은 욕망을 떨칠 수 없죠. 그림을 배우는 동안 계속 그 꿈을 그려 왔을 거 아녜요. 그런데 열심히 만든 콘티가 한 번 사용되고 소모되니까 가치관이 벽에 부딪히게 돼요. 장편 상업영화 콘티 그림 수가 평균 2500컷 정도 나오거든요. 하루에 적어도 100컷 정도를 그려야 일정 안에 작업을 마칠 수 있어요. 이렇게 열심히 작업했는데 촬영이 끝나면 없어지는 데다, 경력 초반에는 작업료도 적고요. 파트

타이머 형태로 한두 작품 작업하고 그만두거나 웹툰 분야로 넘어가는 경우도 많아요. 이런 이유 때문에 콘티 업계에서는 새로운 얼굴이 많이 안 보여요.

콘티 작가가 독자들과 직접 만날 수 있는 창구가 콘티북이지 않을까 생각해 봤어요.

일반인이 보기에는 재미없을 거예요(웃음). 오히려 작가에게 콘티북은 하나의 홍보 콘텐츠예요. 일반 독자를 위한 것이 아니라 영화 스태프들에게 보이는 거죠. 영화사 사무실에 가보면 책장마다 꽂혀 있어요. 그럼 집어서 보게 되죠. 이제 막 발을 내디딘 콘티 작가들에게는 사비를 들여서라도 콘티북을 꼭 만들어 두라고 말하고 싶어요. 말처럼 쉽지는 않겠지만 실제로 영화계에서 여러 사람을 통해 돌아다니거든요. 결국 콘티 작가는 어떤 작품에 참여했는지가 중요하고, 그 입소문이 빨리 퍼져요.

그렇다면 현실적으로 어떤 경로를 통해 콘티 작가에 도전하는 것이 효과적일까요?

저와 같은 기성 작가들은 본인의 주기적인 수입을 산정하고서 어떤 일정으로 작업을 진행해야 일이 몰리지도 않고 끊기지도 않을지 계산해 봐요. 그럴 때 필요로 하는 존재가 보조 작가예요. 보조 작가로서 함께 참여하면 영화 엔딩 크레디트에도 올라가고 본인의 포트폴리오가 되죠. 보조 작가를 처음 시작하면 몇 번씩 골방에 갇힐 수 있어요(웃음). 그렇게 실력을 어느 정도 쌓은 뒤에는 메인 작가가 콘티 회의에 데리고 나가요. 그때부터는 진행 방식을 파악하는 것도 중요하지만 인맥을 넓히는 것도 필요해요. 감독이나 조감독과 직접 대화하지는 않더라도 연출부 막내들과 자연스럽게 어울리게 될 거예요. 그렇게 교류하다 보면 메인 작가를 거치지 않고 보조 작가에게 하나둘씩 직접적으로 의뢰를 하죠. 일 년에 세 작품 정도 의뢰가 오는 시기가 되면 독립을 하는 식이에요.

또는 영화 업계 구인 플랫폼을 통해 단편이나 저예산 영화처럼 일하는 데에 진입 장벽이 낮은 작품부터 시작하는 방법도 있죠. 저예산 영화에 참여했던 스태프들이 저예산 영화에만 투입되는 것은 아니라서 다른 큰 작품으로 다시 헤쳐 모일 수 있거든요. 친분을 하나둘씩 쌓아두면 그들에게서 또 연락이 와요. 이와 같이 크게 두 경로로 나눌 수 있을 것 같아요.

여러 작품을 동시에 작업했던 적도 있나요?

> 팀으로 움직였을 때였어요. 팀 단위여서 가능했던 거예요. 보조해 줄 수 있는 사람이 옆에 있어야 해요. 프로덕션에서 메인 작가에게 요구하는 역할은 사실 그림 그 자체보다도 콘티뉴이티 정리거든요. 감독과 메인 작가가 콘티를 정리해 가고 보조 작가가 그림을 그리는 식으로 작업해요. 영화 제작도 성수기와 비수기가 있어서 일정 잡기가 애매할 때가 있어요. 일정을 잘못 맞추면 마지막 작품을 끝내고 한동안 일이 빌 수 있거든요. 보조 작가가 마무리 그림을 정리해 주면 다른 작품을 이어서 시작할 수 있죠.

반대로 한 작품에 여러 작가가 같이 참여하는 경우도 있나요?

> 거의 없어요. 작업료 예산 때문이죠(웃음). 이런 경우는 있었어요. <빅매치>라는 영화를 작업할 때 김영웅 작가(1장 인터뷰이)가 액션 부분을 맡고 저는 다른 부분을 작업했죠. VFX[2] 액션이 많이 적용됐던 영화거든요.

---

2 VFX(Visual Effect): 영화에 애니메이션 그림 등에 적용되는 특수 영상이나 시각효과를 의미한다. CG 특수효과라고 부르기도 한다.

작업했던 영화 중 아쉬움이 남는 작품이 있는지 궁금합니다.

    다른 작가님들도 비슷한 생각일 것 같은데요. 모든 작품에 아쉬움이 남아요. 개봉하고 나면 매번 '아이고야.' 하고 느끼는 것 같아요. 하지만 그런 아쉬움이 다음 작품을 하기 위한 추진력이 되기도 해요.

콘티 작가라는 직업에 대해 깊게 알아보고 싶은 이들을 위해 추천하는 도서가 있나요?

    저는 영화 분야 전공자가 아니다 보니 경력 초반에 여러 책을 찾아봤는데요. 그중 가장 많은 도움을 받은 책이 《영화연출론 Shot by Shot》이에요. 콘티에 대한 자료와 설명이 많이 들어 있죠. 예시도 풍부하고. 처음 작업을 시작할 때 도움이 많이 됐어요.

    책을 참고하는 것도 좋지만 제가 실제로 보조 작가들에게 권하는 학습 방법은 따로 있어요. 저도 사용했던 방식인데요. 마음에 드는 영화 한 편을 선택해서 처음부터 끝까지 장면 하나하나를 프레임에 맞춰 따라 그려 보는 거예요. 영화 콘티는 결국 프레임 안에서 구현되는 것이니까 그 프레임을 마음껏 가지고 놀 수 있어야 하고, 무엇보다 프레임에 익숙해져야겠죠. 저는

<무간도>로 공부했어요. 요새도 그림 그리기 전에 손풀 때 다시 그려 보면서 '왜 이런 설정을 했을까?' 고민해 봐요.

실제 콘티 작업을 해본 후라면 해당 영화가 개봉되어 결과물이 나오잖아요. 그 영화의 스틸컷[3]과 자신의 콘티 그림을 옆에 두고 비교해 봐요. 이 과정도 도움이 많이 돼요. 콘티 그림을 영화적으로 해석하게 돼요. 프레임과 레이어를 어떻게 사용하는지에 따라 차이가 있어요. 연습을 통해 눈과 손에 스틸컷을 익히면 그 차이가 보여요. 프레임에 익숙해지고 구도를 알맞게 잡게 되죠. 그림을 잘 그리지 못해도 구도를 잘 잡을 수 있다면 칭찬 받을만해요.

추가적으로 조언해 주고 싶은 내용이 있다면요.

프리랜서라는 형태의 생리를 잘 이해해야 돼요. 본인이 프리랜서가 맞닥뜨리는 긴장 상태를 버틸 수 있는 성향인지.

---

[3] 스틸컷(Still cut): 영화, 드라마, 광고 필름 가운데 한 컷만 골라낸 사진을 말한다. 흔히 홍보 또는 기념을 위해 사용한다.

일 하다 보면 아쉬운 순간도 있겠죠.

    속상할 때가 있어요. 콘티 작가를 포함해 모든 스태프가 좋은 방향성을 갖고 열심히 영화를 만들거든요. 일견 생각해 봤을 때 당연히 좋은 영화가 제작되어야 하지만 관객들로부터 '개연성이 없다.', '이야기가 왜 이렇게 전개되냐?'라는 평을 듣기도 하죠. 속상하지만 받아들여야 하는데 자존심이 상하는 것은 어쩔 수 없어요.

작화 등 인간만이 할 수 있을 것처럼 보이는 영역에도 첨단 기술이 도입되고 있습니다. 콘티 분야 발전 방향성에 어떤 영향을 미칠까요?

    인간이 대충 눈코입만 묘사해 놔도 만화가가 그리는 듯 잘 정제된 그림체로 만들어 주는 프로그램이 개발되고 있다는 소식을 들었어요. 메인 작가 입장에서 볼 때 분명 긍정적인 요소가 있죠. 소프트웨어에 대한 의존도가 높아진다는 것은 거꾸로 보조 작가에 대한 의존도가 적어진다는 말이거든요. 사람 대신 일해줄 수 있는 프로그램이 개발된다면 시간 낭비를 줄일 수 있고, 그 시간에 더 창의적으로 여러 버전의 콘티 작업을 고민해 볼 수 있겠죠. 그 프로그램이 개발되면 적극적으로 사용할 의향이 있어요.

PERSON 06

영화 콘티 작가는
그림으로 윤색한다

류현

PERSON 06
류현

그동안 작업했던 작품과 함께 자기소개 부탁드릴게요.

콘티 만드는 류현 작가입니다. 애니메이터[1]로 활동하다가 영화 분야를 공부하면서 콘티 작가가 됐죠. 원래 시나리오 작가를 고민하다가 할 줄 아는 것이 그림이라 결국 스토리보드 작가가 됐어요. <GP506>이라는 작품을 시작으로 <과속 스캔들>의 보조 작가로 일했어요. 2009년에 <이태원 살인사건>이라는 작품을 통해 메인 콘티 작가로 데뷔해서 지금까지 활동하고 있죠. 작업했던 영화 중 많은 사람이 알 만한 작품은 <이웃사람>, <인간 중독>, <국가대표 2> 정도 되겠네요. 드라마 콘티로는 <스토브리그>와 <좀비 탐정>이 있습니다.

---

[1] 애니메이터(Animator): 애니메이션 제작팀 중 움직이는 작화나 3D 작업을 진행하는 사람을 말한다.

여러 작품을 하셨네요. 일반인 입장에서는 '콘티 작가'라는 개념이 아직 생소한데요. 어떤 작업을 하는지 더 상세한 설명 부탁드립니다.

시나리오는 '글'로 적혀 있잖아요. 보통 각색[2]과 윤색[3]을 거쳐서 시나리오가 완성돼요. 콘티는 글로 표현된 내용을 영상으로 옮기기 위해 그림으로 윤색하는 작업이라고 할 수 있어요. 시나리오가 영상화되기 위한 첫 단계라고 볼 수 있죠. 감독님 입장에서는 그동안 글로 보며 머릿속으로 상상하던 작품의 구성과 이야기를 처음으로 시각화하는 작업이기도 해요.

기능적으로 바라보면 영화 촬영 현장에서 촬영을 진행하기 위한 사용설명서가 콘티예요. 적어도 독립영화나 단편영화의 경우는 10명, 상업영화는 100명의 스태프가 투입돼요. 프리 프로덕션과 포스트 프로덕

---

2   각색(脚色, Adaptation): 원작이 있는 작품을 매체(연극, 드라마, 영화 등)에 맞추어 시나리오로 만드는 작업을 말한다.

3   윤색(潤色, Embroidery): 각색보다 낮은 단계의 시나리오 수정 작업으로, 주제나 등장인물 등 중요 부분을 수정하지 않는 내에서 대사나 에피소드 등을 수정하여 각색된 작품을 더 좋은 방향으로 이끄는 작업을 의미한다.

션[4]까지 합치면 더 많아지죠. 대략 6개월에서 1년 동안 많은 수의 스태프가 함께 작업하게 되는데, 감독님이 직접 스태프 한 명 한 명에게 의도를 이야기할 수 없어요. 연출을 위한 동선, 미술 장치, 공간 등 여러 요소가 복합적으로 구성되어 있는데 감독님이 매일 아침 현장에 나와서 이야기할 수 없죠. 각 스태프가 굳이 감독님과 이야기하지 않더라도 오늘 어떤 촬영을 할지 알고서 미리 준비할 수 있도록 도와주는 매뉴얼이 콘티라고 생각해요.

앞서 잠깐 언급해 주셨듯 경력 초창기에는 애니메이터로 활동하셨습니다. 콘티 작가와 애니메이터 모두 그림을 그린다는 공통점이 있지만 직접적인 연관은 없어 보여서 흥미로운 전환이라는 생각이 드네요.

사실 처음 영화계로 진출해야겠다는 생각을 했을 때 콘티 분야는 생각도 안 했어요. 애니메이션 작업을 할 때 워낙 그림을 잘 그리는 분들을 많이 봐서 그림으로 승부할 생각이 없었거든요. 일반인이 봤을 때 저도 그

---

4 포스트 프로덕션(Post-production): 프로덕션 종료 후 시작되는 단계로 편집, 색보정, CG, 음악, 사운드 믹싱 등의 작업들과 마케팅, 배급, 영상물 등급심의, 상영까지의 단계를 말한다.

림을 잘 그리는 사람이지만 그림 그리는 사람들만 놓고 보면 정말 잘 그리는 사람들이 너무 많아요. 그래서 그림보다는 시나리오를 써야겠다 생각했어요.

그런데 정작 영화계에 시나리오 작가로 진입하기에는 작문 실력이 부족했죠. 고민을 하던 와중 문득 애니메이터로 일할 때 레이아웃 부서에서 2년 정도 '워너 브라더스(Warner Bros.)' 관련 업무를 했던 경험이 떠올랐어요. 제작사에서 전달해 준 콘티북을 참고해 배경과 구도를 더 구체화해서 작화팀에 넘기는 작업을 했거든요. 그 레이아웃을 바탕으로 애니메이션 작업이 진행돼요. 콘티에 대한 교육을 받은 적은 없는데 2년 동안 여러 형태의 콘티북을 받아 작업하다 보니 콘티가 어떤 개념인지 체득하게 됐어요. 영화 분야에서 제가 당장 시작할 수 있는 일을 찾다 보니 콘티 작가가 눈에 띈 거예요.

영화 콘티 작가가 스토리보드를 제작하며 각 장면의 연출과 구성에 미치는 영향력은 어느 정도인지 궁금합니다.

결국 감독님이 얼마나 허용하는지에 따라 달라진다고 봐요. 그래서 어떤 영화는 제가 콘티를 그리면서 시나리오를 수정하는 경우도 있어요. 윤색하는 정도죠. 한 장면의 인트로를 바꾸거나 장면 순서를 수정하고 삭제하는 것까지 포함돼요. 물론 그 범위는 감독님의 성향에 따라 천차만별이에요. 봉준호 감독님처럼 본인의 생각이 확고해 콘티 작가가 개입할 여지가 없는 경우도 있는 반면, 어렴풋한 윤곽만 갖고 있는 감독님에게는 콘티 작가가 계속 아이디어를 던져줘야 돼요. 감독님이 과연 이 이야기를 어떻게 생각하는지, 어떤 방향성과 속도를 추구하는지 찾아내야 하죠. 또 감독님이 장면에 대한 생각만 공유하고서 콘티 작가에게 세세한 장면을 모두 맡기는 경우도 있어요.

그럼 작가님은 어떤 성향의 감독님과 일하는 것을 선호하시나요?

편하기로는 모든 판단이 완성된 상태에서 꾸준하게 회의를 진행하는 감독님과 일할 때죠. 결정된 사항에 맞게 그리기만 하면 되거든요. 물론 그런 경우는 거의 없어요. 저도 창의적으로 아이디어를 내며 만들어 가는 것을 좋아해요. 귀찮은 성격이죠(웃음). '이 부분을 짚고 넘어가면 작업 시간이 길어질 텐데.', '바쁜 상황에서 이 부분을 지적하면 다들 싫어할 텐데.'라고 생각하면서도 계속 이야기하고 의견을 제시해요.

사실 시나리오가 어느 정도 완성도를 갖추면 이야기는 알아서 흘러가요. 그리고 뻔하게 흘러가는 이야기가 결코 틀리다고 생각하지도 않고요. 콘티 편집이 사람끼리 대화할 때 말투와 비슷하다고 생각하거든요. '더 잘해야지.'라고 생각하는 순간 오히려 뻣뻣해지잖아요. 자연스러운 상태에서 대화할 때 부드럽게 흘러가죠. 영화 안에서도 큰 사건 사고가 발생하지 않는 상황에서는 이야기가 어디로 흘러가는지 관객이 눈치채지 못할 정도로 자연스럽게 흘러가야 돼요. 이미 익숙한 영화 문법들을 모두 깨려고 하기보다 열 개 중 하나 정도를 변형해야 오히려 신선해요. 그 한 가지를 제시하는 것이 제 역할이고요.

좋은 부분을 지적해 주셨습니다. 영화 한 편을 100개의 장면이라고 가정했을 때 기성 프레임을 벗어나 해당 작품만의 창의성이 드러나는 장면은 어느 정도 된다고 보세요?

일반적으로 우리가 접할 수 있는 상업영화를 기준으로 하면 열 장면 정도 될 것 같아요. 영화관에서 영화를 보고 나왔을 때 영화 이야기를 나누잖아요. 그때 떠올릴 수 있는 장면이 몇 장면이나 될까요. 많아 봐야 10%일 거예요. 제가 좋아하는 영화를 떠올려 봐도 기억에 남는 장면은 한두 장면뿐이죠. 콘티 작가는 그 한두 장면을 인상 깊게 만드는 역할을 해요. 그 봉우리에 다다를 수 있도록 다른 장면들이 오르막길을 만들어 줘요.

예를 들어 제가 작업했던 작품 중에 <이웃사람>은 강풀 작가님의 웹툰 원작이 있죠. 감독님은 최대한 원작에 충실하기를 원했어요. 저에게도 웹툰을 참고하라는 말씀을 많이 하셨고. 실제로 영화 안의 중요한 장면들은 웹툰에서 그대로 가져왔어요. 그런데 웹툰은 징검다리거든요. 장면과 장면 사이에 구멍이 많아요. 영화 콘티를 만드는 입장에서는 A 장면에서 B 장면으로 넘어갈 때 관객이 인지하지 못하고 자연스럽게 흘러가도록 구멍을 채워줘야 해요. 인상 깊은 10%의 장면은 웹툰의 느낌을 최대한 살리고, 다른 장면들은 원작을 훼손하지 않는 범위 내에서 자연스럽게 채웠던 기억이 있어요.

재미있는 사례네요. 같은 맥락에서 작업했던 작품 중 <비스트>도 <오르페브르 36번가(36 Quai des Orfèvres)>라는 원작이 있죠. 이렇게 원작이 존재하는 작품을 새로 작업할 때 콘티 작가의 입장에서 원작을 어느 정도 반영하려 하는지, 그 기준이 있는지 궁금해지네요.

음. 선택을 하는 것 같아요. '뛰어난 원작이지만 특정 부분에서 우리나라의 정서와 맞지 않으니 이렇게 보완하자.'라는 식으로 접근할 수도 있고. 결론적으로는 새로 제작된 영화를 통해 원작이 각광받게 될지, 잊히게 될지를 생각해 보며 작업하게 되더라고요. 제가 작업하지는 않았지만 <무적자>가 대표적이죠. <영웅본색(英雄本色)>을 21세기 대한민국에서 어떻게 표현할지 고민하며 리메이크한 영화잖아요. 결국 흥행엔 실패했지만요. 원작이 가진 본질적인 힘을 뛰어넘을 수 없었던 거예요. 거꾸로 <오르페브르 36번가>는 원작에 얽매이지 않았어요. 프랑스 영화다 보니 우리나라와는 정서도 다르고 배경도 다르기 때문에. 감독님이 한국 문화가 갖고 있는 현실성을 어떻게 영화에서 표현해 낼 수 있을지에 대해 고민했던 거로 기억해요.

반면 세상에 처음 등장하는 시나리오를 영화로 표현할 때는 아무래도 다른 각도의 기획과 고민이 필요하겠네요. 이를 위해 진행하는 리서치의 분량이 많은 편인가요?

> 제가 워낙 게을러서 리서치는 따로 하지 않고 바로 작업에 들어가는 편이에요. 막 영화 콘티 작가가 되었을 때는 리서치를 많이 했어요. 애니메이션 콘티는 연출의 영역이었거든요. 콘티에 무언가 그려 놓으면 그 상태 그대로 애니메이션에 반영돼야 해요. 한마디로 애니메이션 콘티는 완벽해야 하죠.
>
> 영화 콘티는 그 정도까지 완벽하지 않아도 돼요. 미술은 미술팀이 맡고 의상은 의상팀이 맡아요. 각 분야의 전문가가 직접 리서치하고 작업하죠. 콘티는 감독님의 생각을 어떻게 그림으로 표현할지만 고민하면 돼요. 저는 감독님과 연출부, 미술팀, 조명팀, 촬영 감독님이 준비해 둔 자료를 조합하는 역할이에요. 이렇게 조합하는 과정 안에서 등장인물이 어떤 생각을 하고, 어떻게 움직이면 좋을지에 대해 더 많은 고민을 하는 편이죠.
>
> 물론 이건 제가 일하는 방식이에요. 제가 서른다섯 살

에 영화 업계로 넘어와 무작정 일을 시작하면서 콘티 작업을 배우다 보니 저만의 방식이 생긴 거죠. 친한 촬영 감독님 한 분은 다양한 레퍼런스를 많이 갖춰 두는 게 좋다고 말씀해 주셨어요. 그런데 저에게는 레퍼런스를 찾는 시간에 한 번 더 그림을 그려서 보여 주고 확인받는 게 더 효율적이에요. 시나리오 전체를 보는 관점, 편집에 대한 이해, 현장에서의 리듬감을 콘티에 구현하는 것이 더 중요하다고 생각하는 거죠.

콘티 제작에 필요한 정보는 리서치를 직접 하기보다 콘셉트 회의, 미술 회의, 배우 대본 리딩과 같은 회의에 참석하면서 얻어요. 회의를 통해 감독님이 갖고 있는 정보와 내 정보를 최대한 동기화하는 거예요. 정보의 양을 늘리는 것보다 감독님의 정보와 저의 정보를 최대한 비슷하게 맞추는 것이 콘티 작가로서 저의 목표예요. 물론 감독님은 시나리오 작업 단계부터 몇 개월을 준비해왔기 때문에 정보 차이가 많이 날 수밖에 없죠. 그럼에도 최대한 정보 격차를 따라잡으려고 노력해요.

부득이 촬영 현장에서 콘티를 그리는 경우도 있다고 들었습니다.

> 촬영장에서 작업한 직이 한 번 있어요. 현장에서 그리는 콘티도 일반 콘티와 기능적으로는 동일해요. 다만 촬영할 때 시나리오가 수정됐거나, 장소 섭외가 어려워 공간이 바뀌는 경우 현장 콘티 작업이 필요할 때가 있죠. 요즘은 프리 프로덕션 기간이 대체로 여유롭지 않거든요. 촬영 시작할 때 공간 섭외가 50%도 안된 채 진행되는 경우가 많아요. 공간 확보가 안 된 상황에서 콘티를 그리면 인물과 카메라 동선의 불확실성이 커지거든요. 낭비되는 시간과 에너지를 절약하기 위한 방법이라고 보면 돼요.

완벽주의 성향을 갖고 있는 사람에게는 힘든 상황이겠네요.

> '완벽'을 어떤 기준으로 정의하는지에 따라 다른 것 같아요. 영화 콘티를 처음 작업할 때는 애니메이션 콘티를 만들 때처럼 접근하니까 '왜 콘티대로 촬영하지 않지?', '오른손에 시계를 들고 있었으니까 다음 장면에서도 오른손에 그려놔야겠다.', '앞 장면에서 주인공에게 상처 자국이 있었으니까 뒷 장면에도 똑같이 그려놔야지.'라고 생각하며 작업했거든요. 지금은 얼굴 표

정도 없이 그릴 때가 있어요. 너무 자세한 표정 묘사는 배우에게 혼란을 줄 수 있다고 말씀하시는 감독님도 있거든요.

감독님마다 콘티의 세밀함을 추구하는 정도가 다르군요.
네. 더불어 해당 작품에 어느 정도의 시간과 공을 들일 수 있는 여건이 마련되는지도 중요해요. 특정 장면은 표정까지 상세하게 그려 달라고 요청하는 감독님도 있어요. 배우를 섭외하는 데 콘티를 사용하는 경우도 있거든요. 그림을 보면서 설명하는 편이 더 직관적이니까.

건축가에게 건물을 잘 설계하고 안전하게 짓는 능력이 필요한 것과 같이 콘티 작가에게도 여러 전문성이 필요할 텐데요. 작화 실력, 연출 능력, 소통 능력 등 여러 능력 중 가장 중요한 전문성을 꼽자면요?
저는 그중에서 소통 능력 빼고 다 갖춘 것 같아요(웃음). 그래서 거꾸로 소통 능력이 가장 중요하다고 생각해요. 콘티 작가가 갖고 있는 가장 큰 딜레마는 콘티가 없어도 영화 촬영이 가능하다는 점이에요. 감독의 능력에 따라 다른 영화가 나오고 촬영 감독의 역량에 따라 다른 영상이 나와요. 그런데 콘티 작가가 영화에 얼마나 영향을 미치는지는 표면적인 데이터로 드러나지 않죠. 심지어 콘티 작가가 없어도 영화를 찍을 수 있어요. 홍상수 감독님의 영화에는 콘티 작가가 없잖아요.

이런 맥락에서 실무적인 측면으로 콘티 작가를 바라보면 관계성과 소통이 더 중요하다고 생각해요. 방금 말씀드렸듯 콘티 작가는 '어떤 작품에 어떤 콘티 작가가 참여했대.' 정도로 기억될 뿐, 그 작품에 얼마나 큰 기여를 했는지는 알지 못해요. 다르게 말하면 작가의 기여도와 능력을 스스로 증명하기 어렵다는 의미이기도 해요. 결국 흥행작에 참여했던 작가나 함께 작업하기 편했던 작가를 다시 찾게 되죠. 게다가 제가 73년생이에요. 이제 막 데뷔하는 감독님들은 삼십 대 초중반이고, 웬만한 중견 감독님들보다도 제 나이가 더 많아졌어요. 콘티 작업을 진행하면서 적극적으로 의견을 제시하는 것이 '오히려 연출에 간섭하는 것처럼 비치지 않을까.' 하는 고민이 있어요.

그럼에도 콘티 작가의 기본 능력은 궁극적으로 작화 실력일 텐데요. 콘티 작가에게 '잘 그린다'라는 말은 어떤 의미인가요?

> 정보 전달이 얼마나 분명한지 봐야 해요. 콘티북을 들여다봤을 때 장면의 앵글, 카메라 위치 등 촬영을 어떻게 하는지 바로 알 수 있어야 돼요. 제 조카들이 초등학생인데 가끔 저희 집에 놀러 와서 콘티북을 볼 때가 있어요. 아이들이 만화책을 보듯 '재밌다'라며 이해할 수 있는 콘티가 되어야 하는 거죠. 정보 전달력만큼 속도도 중요하고요. 크랭크 인까지 제본된 콘티북이 나와야 하잖아요. 그래서 저는 콘티 회의를 진행할 때 그 자리에서 대략적으로 그림을 그리면서 회의해요. 회의 때 글 형태로 기록하고 작업실에 돌아가서 콘티 작업을 하시는 작가님도 있으신데 그런 경우 피드백이 느려질 위험이 있거든요. 예를 들어 같은 바스트 샷[5]을 그린다고 해도 각자 생각하는 그림이 다르거든요. 회의의 자리에서 다 같이 퍼즐을 맞추는 편이 좋아요. 작업 속도가 그만큼 중요하죠.

---

5 바스트 샷(Bust shot): 촬영 시 화면에 인물이 머리끝에서 가슴 부분까지 나오는 장면을 말한다.

한 편의 영화는 정말 다양한 장면으로 구성이 되죠. 그중 특히 그리기 까다로운 장면이 있나요?

배경이요. 배경과 등장인물이 톱니바퀴처럼 맞아떨어지면 그나마 괜찮아요. 반면 아무 특징 없는 배경이나 '지나가는 행인들', '기자 회견장에 모인 기자들', '경기장을 꽉 채운 관중들'이라고 표현되어 있으면 그릴 때 에너지 소모가 심해요. 너무 설렁설렁 그리면 성의 없어 보이고 자세히 그리자니 힘든 거죠. 무엇보다 그리는 입장에서 재미없는 그림이고요. 영화 한 편에 1,500컷을 그려야 하는데 그리는 재미라도 있어야 하지 않겠어요(웃음).

번거로운 요소로는 동물이 있고요. 기린, 코끼리 같은 동물은 어렵지 않아요. 오히려 우리가 일상에서 자주 접하는 개, 고양이가 어렵죠. 다들 잘 알고 있는 모양새니까 대충 그리면 사람들이 '개를 왜 이렇게 그렸어?'라고 지적하기 쉽거든요. 이렇게 번거로운 그림보다 오히려 어려운 구도를 요구하는 장면을 그리는 게 좋아요. 그리는 재미가 있거든요. 아무리 어려워도 결국 그려내면 성취감도 있고.

작가님도 우연한 기회로 콘티 작가가 되었듯, 콘티 작가가 되기 위한 일반적인 경력 경로가 존재하지 않는 것 같습니다.

> 대학에 콘티 관련 정규 학과가 없는 것으로 알아요. 애니메이션 학과에서도 콘티와 관련된 수업은 한 학기 과목 정도라고 들었어요. 애니메이션 관련 학과나 영화 관련 학과로 진학하려는 친구들이 스토리보드를 이해하기 위해 입시 학원에 가서 수강하는 경우도 있고요. 콘티 작가를 교육하는 별도의 전문 과정은 없는 것 같아요.

콘티 작가를 꿈꾸는 학생이 진로에 대해 의사결정하기에 한 학기의 강의가 충분하다고 보세요?

> 이론상으로는 충분하죠. 중요한 점은 '내가 머리로 이해하는 만큼 손이 따라가는가?' 예요. 제가 어렸을 적부터 그림 그리는 것을 좋아했지만 6년 동안 애니메이터로 일하면서 별도의 훈련 과정을 거쳤거든요. 급한 마감을 처리하기 위해 밤도 새우고 굳은살도 생기고. 보통 잘 못하는 사람들 손에 굳은살이 박이긴 하지만(웃음). 이론을 배우는 것도 중요하지만 본인 손으로 직접 구현할 수 있기까지 훈련 과정이 필요해요. 그 과정을 버틸 수 있을 만큼 의지가 충만한지 스스로 판

단해 봐야 해요.

현업에서 일을 하더라도 작가 대부분 프리랜서의 형태로 작업한다고 알고 있습니다. 프리랜서 특유의 불안정성에 대한 걱정은 없으신가요?

> 네. 있어요. 매번 한 작품을 마감할 때가 되면 '이제 좀 쉬어야겠다.'라고 생각하면서 다음 작품에 대한 걱정을 하죠.

이와 비슷하지만 다른 측면으로는 한 명의 노동자로서 갖는 권리 의식과 이를 침해당했을 때 느끼는 불합리성도 존재할 것 같아요.

> 스토리보드 작가가 영화 스태프 직군 안에서는 그나마 안정적인 직업이긴 해요. 작품에 투입되는 시점이 영화 제작 여부가 확정되고 투자금이 제작사에 지급되는 시기거든요. 첫 투자금이 들어오는 시기에 콘티 작업을 시작해요. 크랭크 인 시기에 두 번째 투자금이 집행되면서 콘티가 마무리되고 제 역할이 끝나는 패턴이라 작업료를 받지 못하는 경우는 거의 없어요.
>
> 콘티 작가에게 중요한 지점은 작품 의뢰 건수가 시기마다 들쑥날쑥하다는 거예요. 상당한 제작비가 투입

되거나 누가 봐도 흥행할 만한 작품은 소수의 작가에게 먼저 의뢰가 들어가요. 이제 막 경력을 시작하는 작가들은 보조 작가로 참여하거나 저예산 독립영화를 작업해야 하죠. 콘티 작가의 작업료는 결국 영화 제작비 규모에 비례하기 때문에 저예산 작품을 작업하면 생활이 어려울 수밖에 없어요. 제가 메인 작가로 처음 작업했던 <이태원 살인사건> 콘티를 그릴 때도 100만 원 조금 넘게 받았어요. 제작비 3억 원 정도의 영화였거든요.

한 달 기준이 아니라 영화 콘티 전체 작업료가 100만 원이라는 의미죠?

네. 맞아요. 현장 편집 작업까지 포함해서. 제작사는 부족한 예산 안에서도 영화를 만들기 위해 콘티 작가가 필요했고, 저도 콘티 작가가 되기 위한 길을 찾는 상황에서 서로의 필요가 맞았던 거죠. 그때부터 '다음에 하는 작품의 작업료는 이전 작품의 작업료보다 많이 받자.'가 됐죠(웃음). 그다음 작품에서는 400만 원을 받았던 것으로 기억해요.

작업료가 일상생활을 이어 가기에 빠듯한 경력 초반의 상황이라면 여러 작품을 동시에 작업하는 경우도 있겠어요.

    몇 번 그런 요청이 들어왔는데 한 기간에 한 작품만 작업하겠다는 원칙을 세웠어요. 여러 작품을 하게 되면 결국 손이 모자라서 보조 작가를 찾게 되거든요. 보조 작가들에게 작업료를 합당하게 지급해야지 소위 '열정 페이'를 줄 수는 없잖아요. 제가 보조 작가일 때 그랬거든요. 한 달 반을 일했는데 정말 적은 보수를 받았어요. 당시만 해도 '열정 페이'가 일상적이었으니까. 당시에 여러 고민을 하면서 '나중에 내가 보조 작가를 찾는 입장이 되었을 때, 그들의 기본 수준을 보장해 줄 수 없다면 혼자 작업을 진행한다.'라는 원칙을 세웠어요. 누군가 노동을 했을 때 시간, 에너지에 대한 대가를 명확하게 줘야 한다고 생각해요. 지금이야 여건이 되면 보조 작가와 함께 일하지만 그런 상황이 안 된다면 제가 다 해야죠, 뭐(웃음).

보조 작가와 메인 작가가 어떤 형태로 작업 분담을 하는지도 궁금합니다.

    메인 작가가 콘티 회의에 가서 감독, 촬영 감독과 함께 회의하며 콘티를 만들어요. 보조 작가는 회의에서 나온 그림을 다듬거나 상세한 부분을 작업하죠. 저는 가능하면 보조 작가와 함께 회의에 참여하려고 해요. 회의하는 공간 안에 같이 있으면서 일하는 방식도 배우고 자신만의 방식을 만들 수 있도록. 저도 영화 분야에 들어와 누군가에게 직접적으로 가르침을 받아본 적이 없어서 다른 사람을 가르칠 때도 직접 보여 주는 방법밖에 할 수 없더라고요.

콘티 작가들의 어려운 상황을 해결하기 위해 고민하거나 의견을 대변하는 작가들의 모임은 없나요?

광고 콘티 업계에는 있다고 들었어요. 영화계 안에서도 감독, 촬영 등 대부분 직군마다 권익 보호를 위한 협회나 조합이 있는데 콘티 작가는 아직 없어요. 앞서 말했던 콘티 작가의 존재 이유와 동일한 맥락이에요. '영화를 제작할 때 반드시 콘티가 필요한가?'라는 질문이 나올 만큼 대체 불가능한 직군이 아니기 때문이죠. 콘티 작가의 능력을 판단할 기준이 없다 보니 '대충 그림 그릴 줄 알고 작업료가 저렴하면 돼.'라는 생각이 있을 정도로. 그림 그리는 작가들의 개인주의 성향도 한몫하고요.

콘티라는 상품을 제공하는 공급자 역할을 맡고 계시죠. 콘티 상품을 소비하는 제작사와의 관계를 봤을 때 수요와 공급이 어느 정도 균형을 이루고 있다고 보나요?

공급이 더 많다고 봐요. 제가 모르지만 개봉되는 영화가 엄청 많더라고요(웃음). 영화는 끊임없이 만들어지고 있는데 제게 연락이 안 오는 것을 보면 누군가 작업하는 사람들이 있나 보다 싶어요.

콘티 작가 없이도 영화를 제작할 수 있다는 업계의 사고방식도 영향을 미치겠네요.

실무적으로 콘티 작가 없이 작업을 진행한다는 의미는 제작비가 충분하지 않다는 말이기도 해요. 콘티 작가에게 할당할 예산을 아껴서 다른 제작 부문에 사용하는 편이 더 효율적이라고 생각하는 거죠. 그러다 보면 콘티 작가의 권익 측면에 부정적인 영향을 미칠 수밖에 없어요. 콘티 작가가 얼마나 일을 잘하는지를 떠나서 작가의 한 달 생계비가 달려 있다 보니 작업료 협상이 어려워지는 거예요. 작업료 절감은 작업물의 질을 낮추게 되고 제작사 측에서도 콘티 작가에 대한 기대치가 떨어지게 돼요. 악순환이죠. 콘티가 좋은 영화를 만들기 위해 꼭 필요한 과정이라는 그 필요성에 대한 인식이 먼저 확립돼야 해요.

영화 업계로 넘어와 콘티 작가로 활동하기 시작한 경력 초반과 10여 년이 지난 현재를 비교해 봤을 때 마음가짐 또는 인식의 변화가 있나요?

처음 콘티 작업을 시작했을 때는 '콘티는 완벽해야 돼. 콘티는 모든 요소를 다 갖춰야 해.'라는 사고방식을 갖고 있었어요. 거꾸로 다른 사람들의 콘티를 보면서 '콘티를 이런 식으로 대충 만들어도 되는 거야?'라고 말하기도 하고. 애니메이션 콘티 작업을 할 때는 <인랑>, <저스티스 리그>와 같이 콘티에 따라 그대로 만들어지는 작품들만 만나다 보니 '콘티는 이러이러해야 돼.'라는 생각이 컸던 것 같아요. 그래서 콘티대로 작품 진행이 안 되면 '왜 콘티대로 촬영을 안 하지?'라는 의문도 있었고.

지금은 그런 인식에서 더 자유로워졌어요. 콘티 작가가 해야 하는 역할에 대한 개념이 잡힌 거예요. 제 에너지를 더 집중해야 할 작업을 명확하게 찾은 거죠. 예전에는 촬영 현장에 갔을 때 감독님들이 '지금 콘티대로 촬영하고 있어요.'라고 하면 기분이 좋았는데 지금은 꼭 그렇지만은 않아요. 콘티에 대한 제 생각이 바뀐 거죠.

작업했던 영화 중 애착이 가는 작품은 무엇인가요?

가장 애착이 가는 영화는 <이웃사람>이에요. 콘티 작가로서 몇 작품을 작업한 뒤 즐겁고 마음 편하게 일하던 시기에 만난 작품이에요. 당시 현장 편집 중 허리를 다쳐 찜질기를 허리에 감고 성인용 보행기 끌고 다니며 작업했었거든요. 그럼에도 힘든 기억보다 재밌었던 기억이 더 많은 작품이에요.

그렇다면 반대로 아쉬웠던 작품은요?

아쉬운 영화는 김대우 감독님이 연출하신 <인간중독>이에요. 제가 심산스쿨에서 김대우 감독님에게 시나리오 과정을 들었어요. 저에게 시나리오 스승님인 셈이죠. 이렇게 인연이 닿아서 <인간중독> 콘티 작업을 맡게 됐죠. 처음 영화 시나리오를 받았을 때 잘 만들기만 하면 시대물 장르에서 오래 기억될 영화가 될 수 있겠다 생각했어요. 그런데 막상 촬영이 진행되니 시나리오 초기의 정서는 많이 사라지고 상업적인 흥행을 위한 타협점이 부각되더라고요. 처음 기획했던 시나리오의 먹먹한 정서가 퇴색되어서 아쉬움이 컸어요.

사람마다 표현하기 편한 의사소통 도구가 다르죠. 글, 말, 그림 등 여러 도구가 있는데요. 작가님은 어떤 의사소통 도구를 사용할 때 가장 편하신가요?

그림이죠. '화살표'가 가장 먼저 떠오르네요. 그리고 '평면도'와 '레고'. 콘티 회의를 할 때 여러 사람이 함께 의견을 나누다 보니 직관적인 도구가 필요해요. 평면도를 그려 놓고 그 공간 위에 레고로 등장인물을 표현하고 화살표로 동선을 표시하죠. 각자 머릿속에 있는 주관적인 장면이 아니라 객관적으로 공간을 표현할 수 있어요.

콘티 작가를 직업으로 삼고 싶은 이들에게 추천해 주고 싶은 자료가 있나요?

시중에 있는 콘티 관련 서적과 실제 영화의 콘티북 한두 권 정도를 보면 이론에 대한 기본기는 갖출 수 있다고 봐요. 이후에는 오히려 영화를 많이 보면서 장면의 구성을 생각하고 따라 그려 보는 편이 더 도움 될 거예요. 제가 추천하고 싶은 콘텐츠는 사실 시나리오예요. 콘티 작가에게 하드웨어가 '그림'이라면 소

프트웨어는 '시나리오'거든요. 제가 시나리오 교육을 받았을 때 읽었던 데이비드 하워드(David Howard)의 《시나리오 가이드(The tools of screenwriting)》를 추천해요. 영화 감독이나 시나리오 작가의 의도를 파악하는 데 도움이 되는 책이에요. 크리스토퍼 켄워디(Christopher Kenworthy)의 《마스터 숏(MasterShots)》시리즈도 좋아요. 장면 연출과 편집에 대해 정리가 잘 되어 있죠.

더 나아가 콘티 작가의 입장에서 이제 막 업계에 입문한 이들에게 해주고 싶은 조언이 있나요?

결국 전문 콘티 작가가 되기 위해서는 그림 실력을 키워야 해요. 시나리오도 알아야 하고 장면 구성도 알아야 하고 연출과 편집에 대한 지식도 필요하지만, 따지고 보면 각 분야를 담당하는 전문가들이 존재하죠. 콘티 작가는 그 내용을 그림으로 그려내는 능력이 있어야 차별성을 가질 수 있어요. 본인이 얼마나 자유롭게 여러 장면을 그림으로 그려낼 수 있는지에 따라 능력을 인정받는 거예요. 통역 전문가라면 외국어를 갖고 노는 수준이 되어야 하듯, 콘티를 그리는 전문가라면 그림을 갖고 놀아야 해요.

그렇다면 영화를 관람하는 일반 관객들이 콘티 작가를 어떤 모습으로 바라봐 주기를 바라나요?

> 사실 콘티 작가의 존재를 몰라도 된다고 생각해요(웃음). 결국 영화가 잘되기 위한 조건은 시나리오 작가의 글과 감독의 연출력, 촬영 감독의 촬영 능력이 주요하잖아요. 콘티 작가가 앞으로 나서서 자신의 능력을 드러내고 증명하려 할수록 마감 시간만 늦어져요. 열심히 작업한 작품이 개봉되면 성인이 되어 독립한 자녀가 잘되길 바라는 마음으로 바라볼 뿐이에요. 영화에 정말 관심 있는 분들이 콘티 작가가 어떤 작업을 하는지, 어떤 노력을 기울였는지 알아주시는 정도면 좋을 것 같아요. '반드시 콘티 작가의 존재를 알아 주면 좋겠다.'라는 마음은 없어요. 오히려 영화를 만드는 업계 내 관계자 분들이 콘티 작가의 노고를 잘 알아주면 좋겠어요.

그럼에도 작가님의 이야기를 듣고 콘티에 관심이 생긴 일반 관객이 있다면 장면 연출 관점에서 추천해 주고 싶은 영화가 있나요?

> <블레이드 러너(Blade Runner)> 시리즈를 볼 때마다 잘 만든 영화라고 생각해요. 그리고 <기생충>과 <매

드 맥스(Mad Max)> 시리즈도 추천합니다. 여러 대의 카메라를 마구잡이로 사용해 찍은 것이 아니라 한 장면 한 장면 세밀하게 기획해서 만든 영화들이에요.

본인이 현재 하고 있는 영화 관련 작업을 통해 사회에 어떤 가치를 전달하고 있다고 생각하세요?

영화가 전반적으로 예술 영역을 다루고 있지만 기능적인 부분도 많이 차지하고 있다고 봐요. 그래서 영화계에서 일한다는 의미는 기능인으로서 일한다는 말이기도 하죠. 저 역시 기능인으로서 다른 기능인들이 합당한 대우를 받을 수 있도록 노력하고 있어요. 충분한 노동을 했음에도 노동한 만큼 돈을 받지 못한 적도 있었고, 아예 작업료를 한 푼도 받지 못한 적도 있었어요. 공정한 대우를 받을 수 있는 시스템이 되는 데 일조하고 있다고 생각해요.

더불어 제가 콘티 작업을 누군가에게 돈 주고 배운 것이 아니듯, 저보다 늦게 일을 시작한 친구들이 성장할 수 있도록 저의 재능을 공유하려고 해요. 결론만 보면 후배들이 많은 작품에 참여할수록 저의 입지가 줄어든다고 생각할 수도 있죠. 하지만 그런 상황은 그 친구들이 저의 영역을 침범하는 것이 아니라 저의 능력이 다음 단계로 못 넘어갔기 때문이라고 생각할 거예요. 주어진 상황에서 최선을 다해 작업하고 제가 쌓은 노하우를 나누고 있어요.

콘티 작가로서 보람을 느끼는 순간이 언제인지 궁금합니다.

감독님에게서 고맙다는 말을 들을 때요. 형식적인 인사치레와 진심으로 고마움을 담아 말을 할 때의 느낌이 다르잖아요. 정말 고마워하시는 분들과 작업할 때 큰 보람을 느껴요. 반대로 감독님 본인이 콘티 작가를 소위 '구워삶아서' 일정 수준 이상의 능력을 끌어냈다고 말하는 분들도 있어요. 마치 자신의 능력인양. 제가 맡은 영역을 존중해 주시고, 저 역시 열심히 작업해서 좋은 작품이 탄생했을 때 '좋은 작업 해주셔서 감사해요.'라고 말을 건네주시는 감독님과 일할 때 힘이 나더라고요.

마지막 질문입니다. 각 분야에서 기술이 발전하며 새로운 패러다임을 이끌고 있는데요. 콘티 작가에게 이런 기술의 발전이 어떤 영향을 미치게 될까요?

콘티 소프트웨어가 이미 높은 수준으로 개발됐어요.

프리 비주얼라이제이션 작업에서도 함께 사용하고 있고요. 앞으로 기술 수준은 더 발전하겠죠. 결국 그림을 못 그리는 사람도 인공지능의 도움을 받아 콘티 작가가 될 수 있는 시대가 올 거예요. 오히려 소프트웨어를 잘 다루는 사람이 더 수월하게 작업할 수 있겠죠. 현재는 온전한 디지털 작업으로 넘어가는 과도기라고 봐요. 손으로 그리면서 디지털로 처리하는 단계. 앞으로는 가상현실, ADR[6]과 같은 기술이 더 많이 접목될 거예요. 이 단계에서 작가에게 중요한 역량은 얼마나 창의력을 갖고 있는지, 어떻게 그 창의력을 표현할 수 있는지, 연출부와 얼마나 원활하게 소통할 수 있는지 등이 될 테고요.

---

6 ADR(Automated dialogue replacement): 동시 녹음된 사운드를 대체하기 위해 후시녹음하는 것을 말한다.

PERSON 07

영화 콘티 작가는
생각하는 힘이 필요하다

박지운

PERSON 07
박지운

본인 소개를 부탁드립니다.

안녕하세요. 박지운 작가입니다. 영화 분야에서 시나리오를 시각화하는 작업을 하고 있습니다. 2000년 대 중반부터 지금까지 작업해오고 있어요. 인상 깊은 작품 위주로 말하자면 <화려한 휴가>, <달콤 살벌한 연인>, <극비수사>를 작업했고, 최근 작품으로는 <침입자>, <암수살인>, <장사리> 등이 있어요.

우선 지금 하고 있는 일을 한마디로 정의한다면 어떻게 말할 수 있을까요?

촬영에 들어가기 전에 감독님, 촬영 감독님과 함께 논의하면서 시나리오에 담긴 내용을 그림으로 옮기는 작업이에요. 연출, 기획 부문과 제작 부문을 나눠 봤을 때 그 사이에 위치하고 있다고 보면 돼요.

2000년대 중반에 일을 처음 시작했으면 정말 오랜 기간이네요.

<살인의 추억>이 개봉했던 2004년으로 기억해요. 제

가 애니메이션 회사에서 연출부로 일할 때 가끔씩 콘티 작가님의 보조 업무를 도와드렸었어요. 그러다 2004년부터 본격적으로 콘티 작가 업무를 시작했죠. 학교를 졸업하고 처음 입사한 회사가 애니메이션 회사였거든요. 연출 파트에서 함께 일하는 애니메이터 한 분이 영화 연출을 전공하셨는데 '앞으로 한국 영화 업계에서 콘티의 쓰임새가 많을 것 같다.'면서 콘티 작가를 권유해 주셨어요. 그렇게 시작하게 됐죠.

콘티의 수요가 많아질 것 같다는 말에 공감하셨나 보네요.

당시만 해도 영화계에서 콘티 작업을 거의 하지 않았어요. 필름으로 영화를 제작하던 시기라 촬영 감독님이 상당한 권한을 갖고서 바로 촬영에 들어갔죠. 그러다 영화 산업이 점점 더 복잡해지고 정교해지면서 콘티에 대한 수요가 늘어났어요. 사실 정확하게 표현하면 투자사나 제작사가 제작 중간 과정을 검토하기 시작하면서 콘티 작업을 하지 않을 수 없는 상황이 된 거예요. 이전까지는 경험으로 밀어붙였다면, 이젠 눈에 보이는 근거를 가지고서 다른 이들을 설득해야 하는 상황이 된 거죠. 현장 스태프들도 감독의 생각을 읽기 위한 수단으로 콘티를 사용하다 보니 자연스럽게 콘티 수요가 많아졌어요.

그럼에도 일하던 기존 직장을 떠나 새로운 영역에 도전하기란 쉽지 않았을 것 같아요.

제가 애니메이션 회사에서 일하기 시작한 시기가 대기업들이 각자 영상 사업단을 출범하면서 애니메이션 분야에 투자를 많이 집행하던 때였어요. 게다가 <원더풀 데이즈(Wonderful Days)>라는 애니메이션 영화가 데모 테이프 하나로 40억 원을 투자받으면서 애니메이션 회사들이 우후죽순처럼 생겨났죠. 저는 학생 때부터 애니메이션 작업에 관심이 많았기 때문에 그 회사 중 한 곳에 입사한 거예요. 새로 설립된 애니메이션 회사들이 많다 보니 업무 환경이 열악해서 연출 부문으로 입사했는데도 소품 제작까지 맡아서 했어요. 회사가 기울어가는 상황을 느낄 때쯤 영화 콘티 작업을 권유받았던 거예요. 애니메이션에 관심이 많았지, 영화 분야는 생소했던 터라 고민했지만 오히려 호기심이 생겨서 도전했던 것 같아요.

지금까지 오랜 기간 작업을 해왔으니 그 도전이 상당한 성과를 이뤘네요.

'끝까지 살아남는 자가 승자다.'라는 생각을 갖고 제 적성을 직업에 맞춰온 것 같아요. 제가 갖고 있던 생각과 실제 영화 업계의 방식이 많이 달랐거든요. 신기하게도 한 편의 영화를 만들 때마다 해당 작품의 제작 방식이 몸에 배어요. 하지만 다른 작품으로 넘어가면 또 다른 작업 방식에 저를 맞춰야 해요. 궁합이 잘 맞는 감독님과 작업할 때는 제 능력이 잘 발휘되지만, 저와 성향이 맞지 않는 방식이면 힘들어지죠. 어떤 감독님은 제가 아이디어 제시하는 것을 좋아하고 때에 따라서 시나리오나 전반적인 촬영 장면 구성까지 요구하기도 하거든요. 반면 이런 부분에 대해 의견을 제시하면 민감하게 반응하는 감독님도 계세요. 본인의 시나리오를 훼손한다고 생각하시는 거겠죠. 이런저런 방식을 왔다 갔다 하며 작업하다 보니 내 적성에 맞아서 작업한다기보다 제가 적성을 맞춰가고 있다는 생각을 하게 됐어요.

이런 어려움이 있어도 계속 버티며 일할 수 있는 동기는 '자유로움'이에요. 일반 직장 생활에서 느끼는 경직성 없이 자유롭게 일할 수 있어요. 게다가 손을 놓지 않고 계속해서 그림을 그릴 수 있다는 점도 크고, 그림 그리는 것을 워낙 좋아할뿐더러 한 작품을 끝낼 때마다 스스로 실력이 발전했음을 느낄 수 있어요. 이런 점을 관계자들이 좋게 봐주셔서 굳이 홍보하지 않아도 일거리가 들어오고 있고 지금까지 계속 이 일을 하고 있네요.

반면 프리랜서 형태로 일을 하다 보니 안정적인 생활에 대한 그리움도 있을 것 같아요.

네. 얼마 전까지만 해도 계속 느꼈던 부분이에요. 사실 지금도 느끼고 있죠. 일을 하는 중에는 그 일에 매몰되어서 어떻게든 빨리 마무리해야겠다는 생각으로 숨이 턱 끝까지 차오를 때까지 작업해요. 그러다 작품이 끝나고 다음 작품 일정이 예약되어 있지 않을 때는 불안감이 몰려오죠. '이러다가 계속 일이 없는 것은 아닐까?', '내년에도 내가 이 일을 할 수 있을까?'와 같은 고민들. 코로나로 인해 힘든 요즘 시기에 더 많이 느끼고 있어요.

같은 맥락에서 질문을 드릴게요. 작업료가 늦게 정산된다거나 평균 이상의 높은 노동 강도를 요구받았던 경험이 있으신가요?

예전에는 작업이 거의 끝나가는 데도 근로 계약을 체

결해 주지 않는 경우가 있었어요. 보통 계약서를 작성할 때 작업료의 절반이, 작품이 끝나면 나머지 절반이 지급되는데 마지막 잔금을 안 주는 영화사가 있었어요. 투자사에서 큰돈이 들어왔을 때 맞춰서 지급하려고 그 시점까지 작업료 정산을 미루다가 제작이 취소되면서 아예 받지 못하는 경우도 있었고요. 콘티 작가라는 직업 특성상 짧게는 한 달에서 길게는 한 분기 정도 동안 작업을 하거든요. 정말 작업할 때마다 애매하게 신경 쓰이는 부분일 수밖에 없죠. 그래도 지금은 작업 환경이 굉장히 개선됐어요. 52시간 근로제가 시행되고 이 제도를 적극적으로 수용하는 제작사가 늘어나면서 연출, 제작, 촬영 부문 모든 스태프의 월급 수준이나 근무 여건이 많이 상향됐거든요. 이런 흐름에 편승되어 자연스럽게 콘티 작가들의 근무 조건도 좋아졌어요.

다시 작업에 대한 주제로 넘어와 보겠습니다. 연출 부문과 촬영 단계 사이에 위치하고 있다 보니 콘티 작가가 미칠 수 있는 영향력의 범위가 어디까지인지 궁금하네요.

콘티 작가가 투입되는 시기는 시나리오가 나온 이후 촬영에 임해도 되겠다는 판단이 이뤄진 후예요. 그런데 갓 완성된 시나리오를 토대로 콘티 회의를 시작하면 여러 오류가 눈에 보여요. 머릿속에서 관념적으로만 글을 쓰다 보니 공간적, 시간적으로 오류가 발생하는 거예요. 글에서는 표현이 가능한데 막상 그림으로 그리려면 성립이 안 되는 거죠. 이런 오류들을 잡아내고 교정해 나가는 정도까지는 통상적으로 개입이 가능해요. 그림으로 직접 그리면서 각 장면의 목적을 강화하는 역할인 거예요. 이 과정에서 촬영 감독님의 아이디어가 상당 부분 반영되어야 하고요. 촬영 감독님은 현장에서 그 그림대로 영상을 구현해야 하는 사람이기 때문에 이 부분을 굉장히 민감하게 생각해요. 실제로 촬영 감독님과 콘티 작가가 고민하는 영역이 많이 겹치기도 하고요. 이 정도의 역할이 일반적인 콘티 작가의 업무 영역이에요.

콘티 회의에 참석하는 주요 구성원이 어떻게 되나요?

일반적으로 감독, 촬영 감독, 스크립터(Scriptor), 콘티 작가 이렇게 네 명이 모여서 회의를 진행해요. 물론 감독님의 성향에 따라 회의 진행 방식이 달라지기도 합니다. 정말 다양해요. 감독님이 각색 작업으로 바빠서 콘티 회의에 참석하지 못하고 촬영 감독님과 제가 알아서 해주기를 바라는 경우도 있어요. 완성된 콘티를 확인하고서 본인이 원하는 느낌이 잘 표현됐는지만 확인하는 거죠. 또는 촬영 감독님이 감독님을 믿고서 감독님과 제가 구상한 그림대로 현장에서 구현해 내려는 분도 계시고. 아예 감독님과 촬영 감독님 모두 회의 참석을 할 수 없어서 저 혼자 콘티 작업을 하는 경우도 있어요.

영상으로 구현해 내기 위해서는 감독과 촬영 감독 모두의 합의가 있어야 할 텐데 작가 혼자서 콘티 작업이 가능한가요?

그런 경우에는 저와 감독님이 두루뭉술하고 거친 형태로 장면 논의만 해요. 그리고 제가 갖고 있는 시나리오 이해도에 대한 경험치를 믿고 맡기는 형태가 되죠. 현장에서는 촬영 감독님께 믿고 맡기듯이. 이렇게 작업이 진행된 작품 중 결과물이 좋았던 경우는 거의 없었어요. 준비 과정이 엉망이었음에도 배우의 뛰어난 역량 덕분에 영화가 흥행하는 경우가 간혹 있긴 했지만 굉장히 드물어요.

보통 '그림을 그린다'라는 표현 안에 창의성에 대한 개념도 포함되어 있죠. 콘티 작가도 그림으로 표현하는 직업이다 보니 창의성이 결과물에 어떤 형태로든 반영될 것 같아요.

    작가의 역량에 따라서 얼마든지 다양한 측면으로 반영될 수 있어요. 이제 막 콘티 작업을 시작한 분들은 경험이 부족하다 보니 감독님이나 촬영 감독님의 이야기를 그림으로 바꾸는 데에 급급하죠. 경험이 조금씩 쌓이면서 장면의 오류를 잡아내고, 장면의 목적이나 방향성, 내용까지 바꾸는 아이디어를 내기도 하죠. 주도적으로 컷 구성을 해나가는 콘티 작가도 있어요. 이런 작가들을 믿고 의지하는 감독님들도 생기고. 심지어 촬영 감독님보다 콘티 작가의 말에 더 의존하는 상황도 많이 발생해요.

전문성 측면에서 묘한 긴장감이 형성될 수 있겠네요.

    콘티 작가가 융통성을 발휘해야 하는 순간인 거죠. 너무 본인 능력과 의견을 밀고 나가면 감독님과 촬영 감독님 사이가 안 좋아질 수도 있어요(웃음).

작가님 본인은 이런 상황에서 어떻게 대처하는 편인가요?

    상대방에 따라서 제 성향을 맞춰가는 성격이에요. 만약 촬영 감독님이 영화의 시각적인 부분을 모두 책임지겠다고 하시면 콘티 단계에서도 다른 사람의 아이디어가 개입되는 것을 싫어하시죠. 그분의 의견이 논리적으로 적합하다면 저도 묵묵히 작업해요. 반면 시간은 부족하고 콘티 그림은 나와야 하는데 여건상 진도가 나가지 않는 긴급 상황에는 제가 적극적으로 나서요. 그대로 진행했다가는 깊이 있게 고민해야 끄집어낼 수 있는 이야기와 상세한 장면들을 놓칠 수 있거든요. 사실 충분히 고민할 여유 없이 시간에 쫓기는 상황이라면 이미 좋은 상황은 아니죠(웃음).

이런 문제를 포함한 돌발상황으로 촬영 현장에서 작업하는 경우도 있었나요?

네. 종종 있어요. 예전에는 촬영 내내 현장에서 지내며 작업한 적도 있고, 최근에도 비슷한 경우가 있었어요. 사전에 모든 단계를 마치고 스태프들이 충분히 준비를 한 후에 현장에 나가야 하는데 그 준비를 미처 다 못 한 거죠. 각색이 계속 진행되고 있거나 시나리오가 완성되지 않은 상태여서 장면이 계속 바뀌기 때문에 어쩔 수 없이 현장에서 콘티를 작업해야 하는 경우예요. 또는 여러 비용 문제로 구현하려 했던 장면을 대체 장면으로 바꾼다거나. 특히 스턴트 연기가 필요한 액션 장면이나 여러 명이 등장하는 몹씬[1]은 그림이 없으면 현장에서 어떻게 촬영을 진행해야 할지 가늠이 안 돼요. 해당 장면 콘티 합의를 계속 미루다 결국 현장에서 그려야 하는 경우가 생기는 거죠. 가장 안 좋은 경우는 촬영 직전에 감독이 바뀌는 상황이에요. 총괄이 바뀌면서 시나리오 방향성이 완전히 달라지면, 일정상 촬영은 시작해야 하니 현장에서 각색과 콘티 작업이 함께 진행되는 거죠.

현장 콘티 작업의 장점을 꼽아볼 수 있을까요?

사전 작업에 비해 장점을 거의 찾을 수 없어요. 굳이 꼽자면 모든 장비가 준비되어 있는 현장의 상황에 맞춰서 콘티를 그릴 수 있다는 정도예요. 현장에 있는 상태 그대로 변수를 모두 없앤 채 그린 작업물이다 보니 스태프가 정확하게 준비할 수 있죠. 사전에 콘티 작업을 하면 촬영 현장에서 그 그림이 어떻게 바뀔지 모를 때도 있거든요. 변수가 생기면 스태프들끼리 부딪히며 불미스러운 일도 생기고. 굳이 장점을 찾아보면 이 정도일 것 같네요.

---

[1] 몹씬(Mob scene): 대규모 인원이 동원된 촬영 장면을 말한다.

원작을 리메이크한 작품의 콘티를 그리는 경우에는 어떤 기준으로 원작과 차별화 정도를 결정하나요?

> 콘티 작가 입장에서 할 수 있는 역할은 상세한 아이디어를 제시하는 정도인 것 같아요. 영화 전체에 흐르는 이야기나 큰 구성은 원작을 차용해 온 이상 건드릴 수 없는 부분이거든요. 원작에서는 각 인물의 심리 묘사를 중요하게 다뤘다면, 새로 작업하는 영화에서는 긴장감을 더 우선하는 구성으로 다르게 표현하는 식이죠. 이렇게 주요 장면의 목적을 다른 방향으로 바꿔갈 수 있도록 아이디어를 제공하는 정도예요.

이번에는 콘티 작가의 전문성에 대해 이야기 나눠 볼게요. 그림 실력, 소통 능력, 시나리오 이해 능력 등 어떤 전문성이 가장 중요하다고 생각하나요?

> 소통 능력이라고 생각합니다. 그 안에 나머지 전문성이 포함된다고 생각해요. 본인이 깊이 있게 고민한 아이디어를 잘 전달하지 못하면 무용지물이에요. 시나리오를 열심히 이해했다고 하더라도 소통이 잘 되지 않으면 작업하기 어려워요. 콘티 회의를 할 때 모두가 틀린 이야기를 하는 것이 아니거든요. 모두 맞는 말인데 각자가 가장 좋다고 생각하는 의견을 제시하고 주

장하는 거예요. 경력과 능력을 오랫동안 쌓아온 감독님들과 일하게 될 텐데 정리가 덜 된 상태의 의견을 제시하면 논리에서 깨질 수밖에 없죠. 같은 맥락에서 촬영 감독님과도 기술적인 이야기를 할 때 충분히 납득할 수 있는 장면 해석과 촬영 아이디어가 준비되어 있어야 해요. 회의에서 몇 번의 대화가 오고 가면 한 사람이 놓치고 있던 부분을 여럿이 찾아내어 즉석에서 대안을 찾는 경우가 많아요. 콘티 작가에게 작화 능력도 물론 중요하지만 그림을 잘 그리지 못해도 소통을 통해 각 장면의 의도를 이해하고 있으면 어떻게든 콘티를 만들 수 있어요.

그렇다면 같은 맥락에서 콘티 작가에게 '그림을 잘 그린다'라는 기준이 무엇일지 궁금합니다.

일반인이 볼 때 잘 그린다는 의미는 그림을 얼마나 사실적으로 그리는지, 묘사가 얼마나 상세했는지 등을 떠올릴 텐데 콘티 작업에서는 잘 그린다는 개념이 조금 달라요. 거칠게 그리는 작업 초기 단계에서는 정말 간단한 수준으로 작업을 해두고 이를 다듬는 다음 과정에서 회의 내용을 적용하며 구체화해요. 감독님이 원하는 장면의 의도나 촬영 감독님이 원하는 구도 등

을 한눈에 보기 쉽게 담는 거죠. 얼마나 그 의도를 효율적으로 반영했는지가 중요해요. 카메라로 찍은 것처럼 세밀하게 묘사한 콘티가 겉으로는 그럴싸해 보이지만 정작 촬영할 때 보면 어떤 의도로 장면을 구성했는지 기억이 나지 않을 때가 있어요. 감독, 촬영 감독의 의도와 콘셉트가 훼손되지 않고 잘 담겨있는 그림이 잘 그린 콘티라고 생각합니다. 봉준호 감독님이 직접 그린 그림이 겉으로는 아기자기하고 귀여워 보여도 카메라 뷰 파인더로 들여다본 장면처럼 느껴지는 이유예요. 본인의 기획 의도를 담아 작업한 그림이기 때문에 모든 내용이 충실히 담겨 있죠.

반대로 그리기 까다로운 장면도 있나요?

일정 부분 정형화된 구도가 있다 보니 경력이 쌓이면 까다로운 그림은 없어지는 것 같아요. 굳이 찾자면 사람이 많은 장면처럼 그리는 시간이 오래 걸리는 그림이에요. 회의를 진행할 때 빠르게 스케치하고 넘어가야 하는데 시간이 오래 걸리면 모두가 힘들어지죠. 정급한 상황이면 많은 군중이 있는 것처럼 공간감을 살린 스케치를 하거나 어떤 느낌과 상황인지 글로 적어두고서 다음 장면으로 넘어갑니다. 이렇게 자신만의 방법을 찾아가는 것 같아요.

회의 중 논의되는 이야기들을 그림으로 바로 그려내기까지는 정말 많은 경험이 필요하겠어요.

    간혹 촬영 감독님 중 상세한 요소 하나하나를 놓치기 싫어하는 분들이 있어요. 간단한 동선만 표시해도 충분한 장면임에도 그 동선에 따라서 구도가 어떻게 바뀌는지 애니메이션을 보는 수준으로 상세한 그림을 요구하는 분도 있어요. 이런 그림을 그릴 때는 그동안의 경험을 기반으로 여러 각도에 따라 순간적인 장면을 콘티로 만들어야 해요.

그렇게 상세하게 작업하는 콘티가 영화 제작 전반의 효율성과 효과성 측면에 어떤 영향을 미치나요?

    콘티로 그려야 하는 작업량이 늘어나다 보니 작가 입장에서는 힘든 것이 사실이에요. 반면 촬영 감독님의 입장에서는 세부 요소까지 확인한 후 촬영을 진행할 수 있어요. 그 요소들이 제대로 표현될 수 있다면 작품 전체적으로는 좋은 과정인 거죠. 물론 너무 과도한 작업량을 요구하면 서로 불편해지는 경우가 생기기도 해요.

작업량과 작업 방식에 대해 사전 합의 후 일을 진행할 것 같은데.

> 어느 정도 상식 선이 있기 때문에 서로 그렇게까지 하지 않을 거라고 가정하고 작업을 시작하거든요. 물론 촬영 감독님 입장에서도 현장에서 발생하는 돌발 변수로 인해 어쩔 수 없이 변화를 줘야 하는 경우가 생겨요. 예를 들어 배우는 본인의 연기를 하기 때문에 연출가가 구상한 대로 움직이지 않을 수도 있잖아요. 여러 추가 작업을 진행하면서 '내가 왜 이 작업을 지금까지 하고 있는 거지?'라는 생각이 들 때도 있지만 그 작업들이 영화 전반적으로는 도움이 될 수도 있어요.

스토리보드라는 작업물이 촬영을 위한 가이드라인 역할 이외에 다른 용도로 사용되는 경우도 있나요? 콘티북의 형태로 출간되는 작품도 본 적이 있어서요.

> 작품이 크게 흥행을 하면 이를 상품화해서 출간하는 경우도 있어요. 그런데 흥행한 영화라고 해도 콘티북 출간으로까지 이어지는 일은 많이 없더라고요. 제가 작업했던 작품들도 대부분 콘티북을 만들지 않았고요. 스태프들이 기념으로 가져가는 용도 말고는 거의 없어요(웃음).

필름 제작 시대에서 디지털 제작 시대로 넘어오면서 콘티 작업에는 어떤 변화가 있었는지도 궁금합니다.

    필름은 예산과 직결되어 있었어요. 최대한 필름을 아껴 찍어야 했죠. 먼지 한 톨 잘못 들어가면 모든 장면이 날아가기 때문에 필름을 제대로 다룰 수 있는 촬영 감독의 영향력이 컸어요. 그러다 보니 콘티는 형식적으로 그리는 상황이었죠. 필름 촬영 시절에 유명하신 촬영 감독님들은 콘티 없이 촬영하는 경우가 많았어요. 감독님의 감각과 경험에 의존해서 영화를 찍었죠. 이런 작업 방식이 디지털 작업으로 바뀌면서 많이 달라졌어요. 여러 버전으로 여러 장면을 촬영할 수 있게 되었다 보니 오히려 콘티 작업이 더 활성화됐어요.

전문 콘티 작가가 되기 위해 받는 교육 과정이 별도로 존재하나요?

    콘티 작가를 양성하기 위한 과정은 없는 것으로 알고 있어요. 대학교 연극영화과나 애니메이션 학과에서 하나의 커리큘럼으로 들어가 있는 정도죠. 그마저도 영화 제작 전반을 이해하기 위한 목적이지 콘티 작가를 양성하기 위한 것은 아니에요. 작가가 되기 위해 엄청난 학습 과정이 필요하지는 않아요. 본인이 의지를 갖고 뛰어들면 누구나 도전해 볼 수 있는 영역입니다. 물론 처음 진입하는 과정이 쉽지는 않겠죠.

그렇다면 콘티 작가로 처음 발을 들일 때, 본인이 직접 포트폴리오 등을 가지고 영화사를 찾아가는 방법밖에 없나요?

영화 제작 관련 구인구직 웹사이트 등을 활용하면 좋아요. 콘티 작가를 찾는 구인 글이 가끔씩 올라오거든요. 그런 기회를 찾아서 지원하거나 예산이 작은 독립영화 작업으로 먼저 시작해보는 것도 추천해요. 이렇게 경력을 쌓는 것이 우선이에요.

영화 제작 스태프 파트타임 개념으로 일하다가 우연한 기회에 콘티를 그리는 분들도 있더라고요. 조명팀에서 일하다가 본인의 소질을 발견하기도 하고. 콘티에서도 조명이 워낙 중요하니까. 촬영팀 스태프도 마찬가지고요. 그림을 그릴 수 있고 다른 사람들과 소통이 원활한 분들이 다양한 경로로 콘티 작업을 시작해요.

특정 기간에 여러 작품을 동시에 작업하는 상황도 있었나요?

저는 동시에 여러 작품을 진행한 적은 없었어요. 하지만 일하다 보면 일정이 꼬이거든요. 앞서 작업하던 작품이 예상보다 늦게 끝나는 때가 있어요. 어쩔 수 없이 일정이 겹치면 양쪽 제작사나 감독님들에게 양해를 구하는 수밖에 없어요. 사전에 그런 상황을 최대한 피하려고 노력하죠. 보통 콘티 작업의 후반 일정은 연출 회의가 모두 끝난 상태에서 제가 그림으로 옮기는 기간이라 새로 시작하는 작품의 회의 기간과 겹칠 수가 있어요. 그래서 두 작품 모두에 집중을 할 수 없는 난감한 상황에 빠지죠. 그림 그리는 작업이 생각보다 에너지 소모가 많거든요. 하루에 10시간에서 12시간씩 앉아서 그리다 보니, 다른 작품 회의를 참석하고 오면 진이 빠져서 그림을 그릴 수 없는 상황이 돼요. 다시 집중해서 손에 펜을 쥐는 것이 쉽지가 않습니다.

작년에 세 편의 작품이 이런 식으로 일정이 겹쳐서 정말 난감했던 적이 있어요. 앞서 진행되던 작품 제작이 갑자기 멈춘 거예요. 매여있는 기간만 늘어나는 꼴이었죠. 그렇다고 마지막에 작업을 안 하겠다고 할 수도 없고. 다음 작품 작업에 영향은 미치고. 정말 난감했어요.

이런 경우를 대비해서 한 작품에 여러 명의 작가가 협업하는 경우도 있나요?

여러 명이 함께 작업한 적은 없었어요, 저는. 업계에서는 메인 작가와 보조 작가가 함께 일 하는 경우가 있는데, 보통 메인 작가가 회의에 참석해서 정리한 내용을 보조 작가들이 그림으로 옮기면서 여러 작품을 동시에 작업할 수 있거든요. 물론 메인 작가도 그림을 함께 그리면서 여러 그림을 취합하고 관리하는 역할을 맡는데, 저는 회의가 끝난 후 모든 상황이 정리되어야 그림을 시작할 수 있어요. 게다가 보조 작가와 함께 일하면 내용 전달 능력이 필수적인데, 명확하게 설명할 수 없는 상황이 어떻게든 생기다 보니 회의에서 논의된 내용과 다른 그림이 나오더라고요. 저는 그런 상황이 싫어서 저 혼자 최대한 해결하려고 합니다.

무엇보다 콘티 그림은 통일성이 중요해요. 그림을 아무리 못 그려도 계속 못 그리는 것이 중요해요(웃음). 작화가 들쭉날쭉하면 안 돼요. 지인 촬영 감독님 한 분이 전해주신 이야기가 있어요. 네 가지 스타일의 그림이 합쳐진 콘티를 본 적도 있다고. 작가 네 명이 들어오는 작업 분량을 쳐내기도 바쁘니까 총 작업량을 4등분해서 작업한 거죠. 그런 콘티는 아무래도 실제 촬영에 활용하기 좋지 않아요.

그러고 보면 콘티 작가는 팀을 이뤄 작업하기 힘든 직업이네요.

> 네. 업무 특성상 그런 면이 있어요. 메인 작가의 그림 스타일을 확실히 파악하고 시나리오의 이해도가 높은 보조 작가들이 옆에서 잘 정리해 주면 가능하죠. 그런데 그런 보조 작가와 일을 하기 쉽지 않아요. 그 정도 실력이면 그분이 직접 메인 작가로 작업하고 있을 테니까(웃음).

스토리보드라는 상품을 공급하는 주체가 콘티 작가라면 수요하는 주체는 영화 제작사 또는 투자사가 되겠죠. 양적인 측면에서 바라봤을 때 어느 정도 균형을 이루는지 궁금합니다.

> 최근 들어 OTT 서비스, 드라마, 종편 측의 수요가 많이 늘었어요. 체감하고 있어요. 스태프가 없어서 팀을 꾸리기 힘들 정도로요. 해외 제작도 많아졌죠. 다양한 영상 분야에서 기존 영화 스태프를 원하는 곳이 많아졌습니다. 그런데 작품 의뢰가 특정 시기에 몰리더라고요. 앞선 작품이 끝난 후 순차적으로 연락이 오면 좋겠지만 작품을 하고 있는 도중에 몰아서 의뢰가 와요

(웃음). 요즘은 한 작품을 하는 동안 평균 서너 건의 의뢰가 들어와요.

이렇게 수요가 많아질수록 일반적인 시장 논리에 따라 콘티 작업의 작업료 수준이 상승하겠네요.

꼭 그렇지 만은 않아요. 영화 예산이 정해져 있거든요. 100억 원 예산 영화와 30억 원 예산 영화를 작업할 때 같은 금액을 받을 수는 없어요. 최대한 콘티 작가를 대우해 주려고 해도 한계가 분명해요. 콘티에 대한 수요가 아무리 늘어난다고 해도 작업료 단가가 갑자기 오르지는 않는 거죠. 특정 작가에게 콘티 작업을 맡겨야 하는 특수한 경우라면 더 많은 예산을 책정하는 경우도 있지만, 콘티 작가의 위치상 촬영 같은 작업보다 중요도가 낮기 때문에 어느 정도 선이 있죠. 촬영의 경우 어떤 금액을 주고서라도 특정 촬영 감독님을 영입하려고 하잖아요. 반면 콘티 작업은 정 아쉬우면 초보 작가를 고용해도 일이 돌아가요. 게다가 그림에 역량이 있는 감독이라면 콘티 작가의 업무는 더 축소되고. 촬영 감독님이 콘티 작가의 일을 대신하는 경우도 있고. 콘티 작업 구조는 아직 이런 상황이에요.

콘티에 대해 수요가 많다고 말씀해 주셨지만 공급도 상대적으로 적은 편은 아니네요.

    결국 경력 있는 작가들에게 일이 몰리는 현상이 발생하죠. 이름이 알려진 작가들만 선호하는 거예요.

만약 동시에 여러 작품 의뢰가 들어왔다면 어떤 기준으로 작품을 선택하나요?

    함께 일하고 싶었던 감독님들이 의뢰를 주시면 우선적으로 선택합니다. 그리고 작업 일정도 무시할 수 없어요. 최대한 작업 일정이 겹치지 않는 방향으로 일정을 따져보고 선택해요.

15년 넘게 콘티 작가로 일해오면서 경력 초창기의 마음가짐과 현재의 마음가짐에 변화가 생긴 부분이 있나요?

    처음 이 일을 시작할 때는 저보다 앞서서 길을 제시해 주는 분들이 없다 보니 '앞으로 실력이 좋아지겠지.', '좌충우돌하다 보면 언젠가 나를 알아주는 곳이 생기겠지.'라는 막연한 생각을 갖고 있었던 것 같아요. 그런데 막상 콘티 업계에 있다 보면 일이 없을 때 그 기간을 열심히 활용하지 않게 되더라고요. 생각해 보면 작업을 거듭할수록 많은 부족함을 느꼈던 것 같아요.

아무리 일을 오래 해도 지속적으로 느끼는 부분이에요. 단점을 보완하는 방향으로 실력을 키우려고 노력하고 있어요.

스스로 찾은 본인의 단점은 무엇인가요?

감독님들과 만나서 작업할 때 제가 미처 생각하지 못했던, 감독으로서 고민하는 또 다른 영역이 있음을 느낄 때가 있어요. 제가 콘티 작가라는 역할을 맡고 있기 때문에 어쩔 수 없는 부분이긴 하죠. 더욱 역량을 발휘해서 도움을 주고 싶어도 고민의 깊이를 따라가지 못해 발생하는 아쉬움이 있어요.

특히 제작 중간에 급히 투입될 때가 있어요. 그렇다고 '늦게 투입됐으니까 괜찮습니다.'라고 하는 경우는 없거든요. 작품을 완벽하게 만들기 위해 매일 치열하게 고민하는 분들이라 뒤늦게 뛰어든 사람도 빠른 시간 안에 그들의 깊이만큼 따라오길 바라죠. 기존 인원이 파악하지 못한 부분을 제가 빠르게 알아채서 채워줘야 하는데 힘겨울 때가 있어요. 준비가 안 된 상황에서 섣불리 아이디어를 던졌다가는 또 난감한 상황에 빠지고. 속으로 이야기를 할까 말까 고민하다가 아예 다음 단계로 넘어갈 때도 있고. 결국 소통의 문제예요.

경험이 많이 쌓였다고 마냥 좋은 것만도 아니에요. 자기가 만든 틀 안에 갇히게 돼요. 영화도 창작물이니 계속해서 새로움을 제시해 줘야 하는데 쌓아둔 경험만 믿고 고민하지 않은 채 그냥 넘어가려 할 때가 있어요. 습관에 얽매이는 제 모습을 발견할 때마다 반성해요. 신인 감독님들과 일 할 때 가끔 안일하게 생각하고 쉽게 넘어가려다 된통 당할 때도 있고. 계속해서 새로운 고민을 해야 되는 직업이에요.

콘티 작가이다 보니 누군가와 의사소통할 때 그림이라는 도구가 가장 편하겠네요.

의미를 전달할 때 그림으로 보여주는 것이 가장 편하다는 생각을 합니다. 회의뿐 아니라 일반적인 이야기를 할 때도 제가 그림을 그리면 사람들이 이에 대해 합의를 하고 아무렇지 않게 다음 상황으로 넘어가요. 의견을 취합하는 과성이 굉장히 어려운 작업임에도 불구하고 모두 아무렇지 않게 회의에 몰입할 수 있죠. '이런 상황에서는 이런 앵글과 이런 구도가 더 낫지 않겠어요?'라고 말하는 것보다 그림으로 표현하는 것이 훨씬 편하니까. 서로 이해가 되지 않을 때 그림을 그리면서 '이런 내용이었어?'라고 표현해 주면 동의하는 경우도 많거든요.

콘티 작가라는 직업을 더 깊게 알고 싶어 하는 이들을 위해 추천해 주고 싶은 도서나 영화가 있나요?

《영화연출론 Shot by Shot》이라는 오래된 책이 있어요. 그 책 안에 콘티 작가들이 영화 제작 전반적인 과정 안에서 어떤 역할을 담당하는지 담겨 있어요. 카메라의 구도나 운용 방법에 대한 설명도 있어서 추천하고 싶은 책이에요. 리들리 스콧(Ridley Scott)처럼 해외 유명 감독들이 제작 노트 용도로 작업한 거친 형태의 스케치를 모아둔 그림 자료도 있고요. 인터넷을 통해 어렵지 않게 구할 수 있거든요. 이런 자료를 살펴보다 보면 크게 힘들이지 않고 콘티를 그려낸다는 사실도 알 수 있어요.

만약 콘티 작가가 되고 싶은 분이라면 선호하는 장르 이외의 다양한 영화를 보는 것이 중요해요. 대부분의 콘티 작가들은 본인이 선호하는 장르를 골라서 작업할 수 없는 경우가 많기 때문에 장르를 가리지 않고 많은 영화를 보는 것이 중요하죠. 개인적으로는 <아멜리에(Le Fabuleux Destin d'Amélie Poulain)>, <잃어버린 아이들의 도시(La Cité des enfants perdus)>, <델리카트슨 사람들(Delicatessen)>을 제작한 장 피에르 주네(Jean-Pierre Jeunet) 감독의 영화를 추천해요.

전문성을 갖춘 콘티 작가가 되고 싶다면 어떤 역량을 키우는 것이 좋을까요?

영화계에 작가로 진입하는 것이 힘들고 여러 관계자에게 이름이 알려지기까지 꽤 시간이 걸리기 때문에, 일단 어떤 작품이라도 작업을 시작해 보라고 말해 주고 싶어요. 적극적인 자세로. 실제 콘티 작업을 해보지 않은 채 그림 연습만으로는 실력을 키우기 어려워요. 본인이 좋아하는 그림을 잘 그리는 것뿐이지 작품에서 원하는 콘티를 잘 그리는 것이 아니거든요. 독립영화든 학생들의 작품이든 우선 경험을 해보는 것이 좋아요.

생각하는 힘을 기르는 것도 좋겠어요. 결국 시나리오를 깊이 이해하고 감독과 같이 이야기하며 일을 해야 되거든요. 전문 시나리오 작가 수준만큼은 아니더라도 관련 책을 읽으면서 스스로 고민할 수 있는 힘을 키웠으면 좋겠어요.

우리나라에서는 콘티 작가, 스토리보드 작가라는 직업이 아직 생소하죠. 영화를 즐겨보는 사람들이 이 직업을 어떻게 바라봐 주기를 바라나요?

한국 영화가 해외에도 많이 알려지고 있죠. 어떤 분야에서는 세계적으로 문화를 선도하고 있다는 느낌을 받기도 해요. 이렇게 영화 콘텐츠를 생산하며 문화적인 자긍심을 가질 수 있도록 열심히 노력하고 있는 사람으로 바라봐 주시면 좋겠어요.

PERSON 08

# 영화 콘티 작가는 설계도를 그린다

엄경아

PERSON 08
엄경아

그동안 작업했던 작품들과 함께 자기소개 부탁드립니다.

　안녕하세요. 엄경아 콘티 작가입니다. 스물일곱 살에 영화 분야에 처음 입문해서 일을 시작했어요. 보조 작가로 시작해서 3년 정도 경험을 쌓고 자연스럽게 독립했어요. 메인 작가로 활동한 지는 7년 정도 됐어요. <82년생 김지영>, <천문: 하늘에 묻는다>, <도리화가>, <계춘할망>, <대립군>, <럭키> 등을 작업했어요.

영화 콘티 작가라는 직업을 어떻게 정의하는지 궁금합니다.

　건물을 세울 때 설계도를 그리는 작업으로 비유하면 될 것 같아요. 영화 제작을 하다 보면 시행착오를 많이 겪게 되잖아요. 이런 착오를 줄이기 위해 밑그림을 그리는 역할이에요. 감독님은 장면의 구성이나 컷과 컷 사이의 연결에 대해 고민하고, 촬영 감독님은 그 장면이 실제로 촬영 가능한지 따져봐야 하거든요. 이러한 부분들을 매끄럽게 논의하기 위해 내용을 이해하고 그림으로 표현할 수 있는 콘티 작가가 개입되는 거죠.

제가 처음 이 일을 접했을 때 오해했던 부분이 있어요. 감독님이 사람을 그리라면 사람을 그리고 나무를 그리라면 나무를 그리는 역할로 생각했던 거예요. 영화 분야 전공자가 아니었기 때문에 콘티 작가라는 개념도 몰랐던 상태였죠. 영화 연출 관련 워크숍을 통해서나 여러 작품에 참여해 보면서 느낀 바로는 콘티 작가가 단순히 그림만 그리는 사람이 아니라는 점이에요. 콘티 작가가 직접 연출을 하는 사람은 아니지만 연출적 아이디어를 감독님에게 전달하기도 하고 반대 의견이 생기면 새롭게 제시하기도 해요. 촬영 감독님에게도 촬영 관련 좋은 아이디어가 떠오르면 이유를 들어 말씀드리기도 하죠. 물론 거절당하는 경우가 많지만(웃음). 절대 단순히 감독님의 생각을 그림으로 옮기는 사람은 아니에요. 실제로 콘티 작가의 이름이 연출부에 포함되어 영화 크레디트에 올라가기도 하고요.

이러한 정의를 바탕으로 콘티 작가의 핵심적인 작업을 상세하게 설명해 주세요.

감독님, 촬영 감독님 등 영화 제작을 진행하는 많은 관계자가 있죠. 이 분들의 의견을 종합하고 시나리오 전체의 콘티뉴이티를 고려해서 그림으로 표현하는 작업이에요. 그 요소가 인물이나 배경의 크기가 될 수도 있고, 장면의 미장센이나 등장인물의 캐릭터 설정이 될 수도 있죠. 여러 내용을 시각화하여 표현하는 소통 매개체라고 봐요.

어떤 계기로 영화 분야 콘티 작가를 접하게 됐나요?

대학교에서 서양화를 전공했어요. 사실 학교를 열심히 다니지 않았어요(웃음). 힘들게 미대에 들어갔지만 전공이 저와 맞지 않았어요. 순수미술에 보이지 않는 벽이 생기더라고요. 스스로 '나는 상업미술을 해야 하는 사람인가 보다.' 생각했죠. 처음부터 영화 콘티 작가가 되어야겠다고 다짐한 건 아니었고 '내가 좋아하는 영화와 내가 할 수 있는 그림의 교집합인 일을 할 수 있으면 정말 행복하겠다.' 정도로 생각했던 것 같아요. 수업에 안 들어가고 근처 영화관에 갈 정도로 영화를 좋아했거든요(웃음).

당시에는 영화 콘티 작가라는 직업이 있는 줄도 몰랐어요. 광고 콘티는 어렴풋이 알고 있었고. 재밌어 보였죠. 그림을 그리면서도 영상물을 다룬다고 하니. 막상 광고 콘티 작업을 접해 보니 그림을 정말 잘 그려야 하는 거예요. 입시 미술 공부를 했다고 모든 그림을 잘 그리는 건 아니거든요. 제가 입시 준비하던 때만 해도 시험에 나올 법한 그림들만 기계적으로 연습해서 그렸으니까. 콘티 작업을 하기 위해서는 연습이 필요하겠다 생각해서 만화 학원을 6개월 동안 다녔어요. 학부 전공에서는 다루지 않는 기본적인 인체 비율이나 배경의 소실 등을 배웠죠.

그렇게 수박 겉핥기식으로 어찌어찌 그림 실력을 쌓았는데 막막한 거예요. 언제까지 배우기만 할 수는 없으니까. 관련 키워드로 이것저것 검색해 보다가 '미디액트'라는 기관을 찾게 됐어요. 독립영화 제작을 지원해 주는 기관이에요. 그곳 워크숍에서 콘티 작가 한 분이 강의를 하신다고 해서 수강을 했죠. 4회 정도 진행되는 단발성 강의였는데, 그 강의를 들으면서 문화 충격을 받았어요. 그동안 콘티라는 것이 무엇인지 어렴풋이 알고는 있었지만 영화 콘티는 처음 접한 거예요.

용어부터 새로 배웠어요. 트래킹이 무엇인지, 줌인[1]이 무엇인지부터. 영화 전공자가 아니면 알기 힘든 부분이 많았거든요.

다행히 당시 함께 강의를 들었던 분들 중 마음이 맞는 몇몇과 함께 스터디를 시작했어요. 다양한 분야의 사람들이 모여서 더 좋았어요. 출판계에 있다가 온 사람도 있었고, 애니메이션 회사를 다닌 사람도 있었고. 저처럼 광고 콘티를 생각했던 사람도 있었죠. 각자 분야에서 콘티를 필요로 했기 때문에 강의를 들으러 왔던 거예요. 일주일에 한 번씩 주말마다 만나서 영화 한 편을 선정해 콘티를 직접 그렸어요. 3분 분량의 시퀀스를 콘티 형태로 그려 보는 식이었죠. 영화 전체 콘티를 다 바꿔 볼 수는 없어도 기존 상업영화의 장면을 콘티로 만들어 보면 콘티 그리는 방법을 알 수 있겠다 생각했어요. 정작 전문가는 한 명도 없었지만(웃음).

---

[1] 줌인(Zoom in): 카메라의 위치를 고정해 놓고 줌 렌즈의 초점 거리를 조절하여 피사체에 접근하여 가는 것처럼 보이도록 촬영하는 기법을 말한다.

그러던 어느 날 워크숍에서 강의를 하셨던 작가님께서 연락을 주셨어요. 저희가 열심히 공부하고 있는 것을 보시고 기특했나 봐요(웃음). 당시 작가님께서 보조 작가를 구하던 차라 함께 일해 보지 않겠냐고 제안하셨죠. 처음에는 걱정이 되더라고요. 저희는 아직 실력에 확신이 없었으니까. 지금은 언니라고 부르는 그 작가님이 '그러면서 배우는 거지. 한번 같이 해보자.'라고 하셔서 보조 작가 형태로 처음 시작하게 됐어요. 그런데 막상 처음 맡게 된 작품은 영화가 아닌 애니메이션이었어요(웃음). 작가님도 영화 이외에 여러 분야를 작업했었거든요. 이렇게 MBC 애니메이션으로 콘티 작가로서의 첫 발걸음을 내딛었죠.

영화도 광고도 아닌 애니메이션이 첫 작품이었군요.

오히려 좋았던 점도 있었어요. 애니메이션은 영화보다 덜 제한적이에요. 표현하는 데 열려 있는 부분이 많고 구성할 수 있는 장면도 많아요. 영화보다 더 자유롭고 거칠게 작업할 수 있는 분야예요. 애니메이션 작업은 또 다른 공부가 됐어요. 저에게는 영화 작업을 본격적으로 시작하기 전 몸풀기 단계였던 거예요.

그럼 영화 콘티로는 첫 작품이 무엇이었나요?

<음치 클리닉>이라는 영화였어요. 메인 작가가 아닌 보조 작가로 작업했던 작품인데 2,000컷 조금 안 되는 분량이었던 것 같아요. 컷 수가 많은 장르가 아니었다 보니. 메인 작가가 회의에 참여해서 그려온 스케치를 제가 깔끔하게 다듬는 작업을 했어요. 이 과정을 디테일 작업이라고 표현해요. 저와 또 다른 보조 작가 둘이서 디테일 작업을 맡았던 거죠.

그런데 보조 작가는 매일 회의에 참석하는 것이 아니기 때문에 회의에서 어떤 말이 오갔는지, 어떤 맥락에서 이런 스케치가 나왔는지 모르는 상태로 디테일 작업을 진행하게 돼요. 이 단계에서 의지할 자료는 시나리오와 메인 작가님이 적어 둔 메모들이죠. 그래도 이해가 가지 않는 부분은 메인 작가에게 전화를 걸어서 물어봐요. '이 장면은 잘 모르겠어요. 왜 이렇게 표현되는 거죠?'라고(웃음). 그럼 메인 작가는 '회의 때 이런저런 이야기가 나왔고 그래서 이렇게 그린 거야.'라고 설명해 주죠. 제가 아직 콘티에 대한 이해도가 낮아서 그랬던 것 같아요.

이렇게 깨끗하게 다듬는 작업을 하고 마무리 편집을 해서 스크립터에게 넘기는 게 제 역할이었어요. 보통 보조 작가가 하는 일이 이런 작업이에요. 다만 메인 작가가 넘겨준 스케치만으로는 모든 내용을 알 수 없기 때문에 자연스럽게 시나리오를 여러 번 읽고 고민해요. 공부가 되는 거죠. 물론 한 작품을 경험한 거로는 부족해요. 여러 번 작업한 뒤에야 어떻게 전개할지 조금씩 보이더라고요. 예를 들면 어떤 형태로 장면을 구성해야 예산 안에서 효율적으로 촬영을 할 수 있는지 등이 보이기 시작해요.

보조 작가로 경험을 쌓았던 기간은 어느 정도였나요?

2년 반 정도. 사수의 개인적인 사정과 맞물려 자연스럽게 메인 작가로 독립했죠. 독립 초기부터 바로 상업영화를 맡을 수는 없기 때문에, 독립영화나 저예산 상업영화 작업을 소개받았어요. 서로의 필요가 맞는 거죠. 제작하는 입장에서는 예산이 적어서 기성 작가님께 의뢰할 수 없고, 저는 포트폴리오로 담을 수 있는 작업 경험이 필요하니까.

2년여간 보조 작가로 쌓은 경험이 메인 작가로 활동할 때 어느 정도 도움이 됐는지도 궁금합니다.

    사실 메인 작가로 일을 시작한나고 해서 시나리오를 보고 능수능란하게 콘티를 만들 수 있는 건 아니에요. 지금도 마찬가지고요. 감독님처럼 항상 연출을 생각하는 분들의 생각을 모두 알 수는 없어요. 콘티 작가는 프리 프로덕션 단계에만 참여하기 때문에 촬영 현장을 상세히 알기 힘들거든요. 그래서 촬영 구도에 대해 이해가 가지 않을 때 촬영 감독님에게 카메라 렌즈나 촬영 기술을 여쭤볼 때가 있어요. 그러면서 저도 배우는 거예요. 아마 경력 초창기에 함께 작업했던 감독님들은 많이 답답하셨을 거예요(웃음). 메인 작가로 참여했지만 아직 더 배워야 하는 초급자였으니까. 그래서 가끔 옛날에 작업했던 콘티를 보면 이상한 그림들이 발견돼요(웃음).

콘티에서 이상한 그림이라고 하면 어떤 의미일까요?

    로우앵글로 그렸는데 현실적으로 촬영 구현이 안 되는 경우가 있어요. 감독님이 이해하시고 넘어가 주신 거죠. '촬영이 될지는 모르겠지만 일단 그려주세요.'라고 하시면서. 또 다른 경우도 있어요. 회의하면서 거칠게 그린 스케치에는 정확하게 묘사가 되어 있는데, 오히려 상세한 그림으로 옮기는 과정에서 오류가 생기는 경우예요.

마감 일정이 다가올수록 더 힘들어져요. 저는 보조 작가 없이 작업해서 혼자 회의에 참석하고 혼자 디테일 작업을 해서 넘겨야 하는데 빠듯한 거죠. 최대한 크랭크 인 전에 넘기면 좋겠지만 요즘에는 프리 프로덕션 작업 기간이 짧아지면서 일정이 더 촉박해졌어요. 예전에는 콘티 회의 한 달 반, 디테일 작업 한 달로 잡아서 총 두 달 조금 넘는 시간이 주어졌다면, 지금은 사실상 콘티 작가에게 주어진 기간이 두 달도 채 안 되는 것 같아요. 그 안에 수정 작업까지 포함되니, 사무실에서 퇴근하고 집으로 다시 출근하는 기분이 드는 거예요(웃음). 정말 급한 상황에는 촬영 초반 분량 콘티를 바로 넘겨야 할 때도 있거든요.

혼자 작업하지 않고 보조 작가와 함께 작업하면 부담을 덜 수 있을 것 같은데.
　보조 작가 분들의 도움을 받아 보기도 했는데 아직까지는 혼자 작업하는 게 편한 것 같아요. 그분들이 도움이 안 된다는 의미는 아니에요. 작업을 진행하면서 서로 맞춰야 할 것이 생겨요. 전체 작업 공정에 대해 설명하고 그려 준 그림을 받아서 제가 다시 피드백을 하고. 시간이 너무 촉박하면 그 소통 자체가 일로 다가오는 상황이 생기기 때문에. 지금까지 함께 호흡을 맞춰 온 파트너가 아니면 힘들더라고요.

콘티 작업 자체에 초점을 맞춰 보겠습니다. 연출과 촬영 부문 사이에서 콘티에 대한 많은 논의가 이뤄지죠. 콘티 작가가 미칠 수 있는 영향력은 어느 정도인지 궁금합니다.

단편적으로 생각할 때는 그 범위가 크지 않아 보여요. 그런데 이런 경우를 생각해 볼 수 있어요. 콘티 회의 중에 그림을 그리다 보면 그림이 안 그려질 때가 있어요. 그림을 아예 못 그린다는 의미가 아니라 이상한 그림이 되는 거예요. 이럴 때 감독님에게 '이 그림이 맞는지 모르겠어요.'라고 의견을 전달해요. 제가 연출한다면 이렇게 구성하지 않을 것 같은 장면이 생기는 거죠. 저는 그림을 그릴 때 등장인물에 감정을 이입해서 그리는 편인데 제가 이 캐릭터라면 이렇게 행동하지 않을 것 같은 거예요. 그린 것을 보는 감독님과 그리는 당사자인 콘티 작가가 서로 다른 오류를 잡아내는 거죠. 그림을 그리는 사람이기 때문에 볼 수 있는 지점이 있는 것 같아요.

감독님의 성향마다 달라지기도 해요. 본인의 생각이 확고하신 분도 있고 타인의 의견에 더 열려 있는 분도 있고. 전자의 경우에는 콘티 작가나 촬영 감독의 개입이 덜할 수밖에 없겠죠. 여러 장단점이 있겠지만 처음부터 끝까지 일관된 생각으로 콘티를 만들다 보니 영화에 흔들림이 없어요. 반면 후자의 경우에는 합의점을 도출하는 데에 장애가 많죠. 사람마다 생각이 다 다르고 영화도 기호와 취향의 분야잖아요. 대신 조금 더 다양성을 확보할 수 있어요.

앞서 말했듯이 감독님의 성향을 이분법적으로 나눠 봤을 때 작가님 본인은 어떤 성향의 감독님과 작업할 때 더 편안함을 느끼나요?

편안함의 정도로 바라보기보다 재밌는 정도로 나눠 볼 수 있을 깃 같아요. 타인의 의견에 열려 있는 감독님과 작업할 때 확실히 더 재밌죠. 영화에 정답이 있는 것은 아니니까. 다른 스태프들과도 의견을 주고받으면서 다듬어 가는 거죠. 제가 만났던 대부분의 감독님이 이런 성향을 갖고 있었어요. 더 많은 사람의 이야기를 듣고 싶어 했죠. 감독님이 시나리오를 쓰면서 머릿속에 그렸던 그림들이 스태프들의 의견과 다를 수 있잖아요. 회의 중에 다른 아이디어가 나오면 생각하지 못했던 지점이라면서 반기세요.

이때 쏟아져 나오는 아이디어를 빠르게 그림으로 옮겨 봐요. 머릿속으로 막연히 상상만 하는 것보다 그림으로 보면 명확하게 장면을 볼 수 있잖아요. 어떤 장면이 더 좋을지 의사결정을 빠르게 도출할 수 있도록 도와주는 역할을 콘티 작가가 한다고 봐요.

회의에서 더 깊이 있는 논의를 위해 콘티 작가로서 준비하는 리서치 작업 분량은 어느 정도인가요?

장르에 따라 달라져요. 예를 들어 바둑 영화를 작업한다고 하면 바둑에 대한 조사가 필수적이에요. 저는 바둑에 대해 하나도 모르거든요. 대부분의 스태프 역시 바둑을 모른 채 제작 준비를 하겠지만 저는 그림으로 바로 표현해야 하는 사람이잖아요. 당연히 시나리오를 훑어보고 제가 잘 모르는 개념이 있으면 미리 검색하거나 공부를 해요. 아무 준비 없이 회의에 참석하면

당황하는 경우가 생기기 때문에.

사전에 시나리오 모니터링도 하고요. 물론 시나리오를 읽지 않은 채 미팅을 진행하는 경우도 있지만 대부분 모니터링을 한 후에 진행하거든요. 거창하게 표현해서 모니터링이고 한마디로 작업 시작 전에 시나리오를 훑어보는 거예요. 감독님이 시나리오를 갖고 여러 사람을 만나다 보면 좋은 이야기 위주로 듣게 되잖아요. 저는 콘티 작가로서 가장 최근 버전의 시나리오를 읽는 제삼자이기 때문에 시나리오에서 아쉬웠던 점에 대해 말씀드려요. 시나리오를 읽고서 '이 장면에서는 왜 이렇게 진행됐는지 궁금하다.', '저 장면에서는 내용 이해가 안 됐다.', '이 장면에서는 이렇게 바꾸면 더 재밌어질 것 같다.'라고.

콘티 작업은 말 그대로 콘티뉴이티를 다루는 일이죠. 일반 관객 입장에서 봤을 때 장르별로 영화의 콘티뉴이티가 정형화된 측면이 있다는 생각이 들기도 합니다. 영화 문법이라고도 부르는 이러한 프레임을 콘티 작가는 어떻게 생각하는지 궁금합니다.

결국 가장 고민하는 부분은 기존 영화들과의 차별성

이에요. 관객들의 기준은 계속 높아지는 반면 예산은 한정적이니까. 비슷한 장르, 비슷한 소재의 영화라고 하더라도 결국 다른 작품이기 때문에 어떤 방법으로 차별화를 할까 고민하는 거예요.

예전에는 관련 영화나 사진, 다큐 등 레퍼런스를 많이 보고 이야기하는 분위기였어요. 회의할 때 모니터를 두세 대씩 두고서 기존 영화의 장면을 화면에 같이 띄워 두고 어떤 느낌을 가져올 수 있을지 고민했죠. 요즘에는 잘 안 보는 추세예요. 저도 요즘 흐름에 동의하고요. 결국 새로 만드는 작품은 또 다른 영화가 되어야 하기 때문에. 다른 레퍼런스를 보다 보면 오히려 생각이 많아지고 복잡해지는 것 같아요. 레퍼런스 영상을 아예 안 보는 것은 아니지만 다른 영화와는 상관없이 뚝심 있게 우리 작품 안에서 이뤄지는 장면들의 목적과 기능성에 집중하는 방향으로 바뀐 것 같아요.

물론 어려운 작업이에요. 두 사람이 이야기를 하는 장

면은 사실 뻔하거든요. 오버 숄더 샷[2]으로 장면을 구성할 수밖에 없어요. 어떻게든 다르게 표현해 보려고 노력하지만 '관객들에게 익숙한 프레임인데 굳이 바꿔야 할 필요가 있을까?'라는 의견이 나와요. 내용 전달이 중요한 장면인데 외적인 부분에 무게가 실릴 수 있으니까. 결국 다시 기성 프레임으로 진행하게 되는 거죠. 작업 시간이 부족해서 기계적으로 콘티를 만드는 경우도 있고. 콘티 작업은 이런 논의의 반복이에요.

원작이 있던 작품을 리메이크하는 작업은 또 다른 접근 방식이 필요할 것 같아요.

<럭키>라는 영화도 원작이 존재해요. 저도 원작을 보기는 했지만 한국판 시나리오가 일본 원작과 동일하게 흘러가지도 않았고 감독님도 원작을 크게 염두에 두지 않았어요. <82년생 김지영>은 원작 소설이 너무나 큰 힘을 갖고 있었지만, 영화로 제작할 땐 다른 느낌으로 표현했기 때문에 콘티 논의에서 크게 스트레

---

[2] 오버 숄더 샷(Over shoulder shot): 두 인물이 나타나는 장면에서 한 인물의 어깨너머로 상대방의 모습이 보이도록 찍는 촬영 기법을 말한다.

스받지는 않았어요.

촬영 현장에서 콘티 작업을 했던 경험도 있나요?

크랭크 업[3] 후 한두 번 소환됐던 적은 있어요(웃음). 디테일 작업을 하고 있는데 그 사이에 현장에서 시나리오가 바뀐 거예요. 시나리오 수정은 크랭크 업 될 때까지 정말 아무도 모르거든요. 심지어 개봉된 영화를 볼 때 콘티로 그렸던 엔딩과 다른 엔딩을 보는 경우도 꽤 있어요. 예를 들어 <도리화가>도 전반적으로 콘티와 비슷하게 이야기가 흘러가다가 엔딩은 콘티와 다르게 그려졌어요.

작업 종료 이후의 수정이나 추가 작업은 콘티 작가 입장에서는 참 중요하면서도 애매한 부분이에요. 이미 약속한 작업 분량은 다 마쳤는데 수정 요청이 오면 어느 정도까지 작업해야 하는지 고민이 돼요. 더군다나 앞선 작품이 끝나고 다른 작품 작업을 시작한 상황에서 수정 요청이 오면 일이 가중되고 난감해지는 거예요. 어느 지점까지는 저도 도의적인 책임을 갖고 수정

---

3 크랭크 업(Crank up): 영화 제작 과정에서 촬영 종료를 의미한다.

작업해서 넘겨 드리는데, 작업이 얽히고설키면 너무나 힘이 들기 때문에. 선을 그으면서 싫은 소리 하는 것도 스트레스잖아요.

앞서 언급한 부분을 포함해 프리랜서라서 겪는 어려운 점들이 있죠. 특히 프리랜서 특성상 내재하고 있는 불안정성을 어떻게 이겨내는지도 중요할 것 같습니다.

저도 메인 작가로 독립했던 초창기에는 겸업을 했어요. 메인 작가라고 하지만 작업 의뢰가 들어와야 일할 수 있잖아요. 게다가 일을 시작하는 단계에서는 본인이 정당하다고 생각하는 수준의 작업료를 받기가 힘들어요. 기존 작가들만큼의 작업료를 요구한다면 제작사 입장에서는 신인 작가가 아니라 기성 작가와 작업하는 편이 더 낫겠죠(웃음). 콘티 작가는 프리 프로덕션 작업에만 참여하는 사람이다 보니 더 애매하기도 하고. 작품의 예산에 따라 변동되는 부분도 있어요. 5억 원 예산의 영화와 120억 원 예산의 영화에서 책정하는 작업료가 같을 수 없거든요. 저도 저예산 영화를 작업할 때는 어느 정도 감안을 하고 시작해요.

그렇다고 신인 작가가 기성 작가보다 일을 덜 하거나

열심히 하지 않는 것은 아니에요. 단지 경력의 차이죠. 그래도 제가 처음 이 일을 시작할 때에 비하면 지금은 합당한 수준이 됐어요. 예전에는 기준 자체가 없었거든요. 게다가 영화 분야 콘티 작가들은 개인 단위로 활동하다 보니 그 기준을 정립하기도 어려웠고요. 광고 콘티 분야만 하더라도 조합이 있고 작업 형태별로 작업료 가이드라인이 있다고 들었어요. 영화 콘티 업계에서는 개인적인 사수와 부사수 관계를 제외하고는 교류가 많지 않은 편이에요. 그래서 저도 다른 작가님들이 어떻게 작업하는지 궁금해요(웃음). 어떤 장비와 소프트웨어를 사용하는지, 작업 방식은 어떤지, 작업료 책정 기준은 어떻게 설정하는지 등. 알 길이 없으니까.

다른 분야의 콘티 작가는 조합의 형태로 모임이 존재하는데, 왜 영화 콘티 분야에서는 작가들이 모이기가 힘들까요?

영화 분야에서 콘티 작가라는 개념이 생긴 지 그리 오래되지 않았어요. 저를 가르쳐 주신 사수 작가님만 해도 1세대 콘티 작가에 속해요. 현장 스크립터로 일하다가 우연한 기회에 콘티 작업을 시작하게 된 경우거든요. 아예 콘티 작가라는 개념도 낯설던 시기였죠. 그

러다 콘티를 그리니까 촬영 과정이 더 편해지고 예산이 절감되는 효과가 있다는 걸 알게 된 거예요. 기존에 콘티를 작업했던 사람들에게 한 번 두 번 다시 의뢰하면서 전문 작가의 개념이 생겼어요. 콘티 작가의 역사가 길지 않다 보니, 작가들의 권익을 보호하기 위한 전문적인 기준을 세우기에는 산업의 성숙도가 낮은 편이에요.

이 분야에 새로 진입하려는 사람들도 관련 정보 탐색이 쉽지 않겠어요.

콘티 작가로 일하고 싶어도 어떻게 시작해야 할지 방법을 찾기가 어려웠죠. 그래도 아예 없지는 않아요. 마음에 드는 콘티북을 구하면 책 뒷부분에 작업한 작가의 메일 주소가 기재되어 있을 거예요. 요새는 SNS로도 쉽게 소통할 수 있고요. 제 사수의 블로그도 아직까지 활발하게 운영되고 있어요. 콘티에 관심을 갖고 있는 분들이 이래저래 검색하다가 들어가는 거예요. 예전보다는 직접적으로 소통할 수 있는 경로가 다양해져서 그림체가 비슷하다거나 마음이 맞는 분과는 협업을 할 수도 있죠.

그렇다면 콘티 작가가 되고 싶어 하는 이들에게 추천해 주고 싶은 경력 경로가 있나요?

영화 분야 구인 구직 사이트가 있어요. 이런 채널들을 통해 기성 작가들에게 연락해 봐도 좋아요. 활동하고 있는 작가들의 보조 작가로 일해 보는 경험이 정말 도움이 돼요. 저에게도 큰 도움이 됐고요. 영화를 전공해서 영상 언어를 잘 알고 있고 시나리오에 대한 이해도가 높더라도 콘티 작가가 다뤄야 하는 또 다른 지점이 있거든요. 실제로 콘티 작업을 하면 감독님이 세세하게 말씀해 주지 않아요. '이 인물이 이렇게 가다가 저렇게 했으면 좋겠어요.'라고 하면 콘티 작가가 맥락을 파악해서 앵글과 프레임 사이즈를 알아서 그려야 해요. 또 장르에 따라 고유의 느낌을 살리는 방법도 다르고요. 이런 부분을 연습해 볼 수 있는 가장 좋은 방법은 보조 작가로 작업해 보는 것이라고 생각해요. 하다못해 그림 옆에 쓰인 메모 하나도 전체 콘티 작업을 경험해 본 작가들의 노하우거든요. 혼자 시작하는 사람들은 발견하기 어려운 부분이죠.

한 작품이라도 우선 시작해 보면 알 수 있어요. 본인이 생각했던 바와 크게 다를 수 있거든요. 적성에 맞지 않아서 그만둔 분도 많아요. 단순히 그림 그리는 일이 아니라서 스트레스도 많고, 디테일 작업은 체력 소모가 상당해요. 특히 혼자 일을 하면 과부하가 발생하기 때문에 보조 작가로 시작하거나 저예산 영화로 작업을 시작해 보면 이 길을 계속 가야 할지 판단할 수 있을 거예요.

전문 콘티 작가로 활동하기 위해서 여러 기술적인 능력이 필요할 텐데요. 우선적으로 갖춰야 할 능력은 무엇이라고 생각하나요?

콘티 작가에게 작업을 의뢰하는 입장에서는 시나리오를 냉철하게 볼 수 있는 이해력과 빠른 작업 속도를 기대해요. 처음 뵙는 감독님과 회의를 하면 많이 물어보시는 질문이 '작가님 작업 속도 빠르세요?' 예요(웃음). 그만큼 속도가 중요해요. 짧은 기간 안에 시나리오 몇십 장 분량을 그림으로 그려내야 하거든요. 시나리오를 토대로 감독님의 이야기를 반영하면서 기간에 맞춰 작업 분량을 맞추려면 그림을 빠르게 그릴 수밖에 없어요. 중간중간 콘티뉴이티에 대한 의견도 내야 하고. 여러 작업을 동시에 진행하면서 속도까지 맞추기가 쉽지는 않죠. 감독님들이 작업 초반에는 상세하게 의견을 주시다가 후반부로 갈수록 일정이 촉박해지면 콘티 작가가 스스로 이해해서 진행해야 하는 부분이 생겨요. 콘티 작업이 꽤 피곤한 공정이거든요. 일을 해보면서 습득하는 방법밖에 없는 것 같아요.

같은 맥락에서 봤을 때 '잘 그린 콘티'라는 표현은 어떤 의미일까요?

카메라와 인물의 동선이 정확하게 이해되고 이 장면이 왜 필요하고 어떤 느낌을 담고 있는지 단번에 알 수 있는 그림이에요. 예를 들어 '범인이 도망가는데 중간에 담 아래로 떨어져서 위기를 맞지만 결국 잘 도망쳤다.'라는 내용이 그림을 보면 바로 이해가 되어야 해요. 카메라가 피사체와 어느 정도의 거리를 두고 촬영해야 하고 다음 장면과 어떻게 연결되는지, 이 장면이 얼마나 급박한 상황인지에 대한 정보가 잘 담겨 있으면 제 기능을 다한 콘티라고 봐요.

여러 작품을 동시에 작업했던 적도 있나요?

협업을 하시는 분도 있는데 저에게는 불가능한 부분이에요. 저는 혼자서만 작업하다 보니 하나의 작품을 시작하면 그 작품에 매여 있을 수밖에 없어요. 안타까운 부분은 대부분의 영화 촬영 시작이 비슷한 시기라는 점이에요. 한 작품을 시작하기로 하면 다른 제작사로부터 의뢰 연락이 와요. 나중에 의뢰가 들어온 작품이 제가 그려 보고 싶던 장르일 수도 있고요. 만약 팀의 형태로 함께 작업한다면 여러 작품을 동시에 맡을 수 있겠지만 대부분의 콘티 작가는 1인 형태예요.

특히 그리기 까다로운 콘티가 있는지도 궁금합니다.

제가 잘 모르는 분야를 다루면 어렵더라고요. 만약 테니스 영화 콘티를 작업한다면 평소에 테니스를 좋아하지 않는 이상 상세한 운동법, 움직임, 테니스 코트 등에 대해 잘 모르니까. 종합해 보면 특정 장르물이 어려운 것 같아요. SF나 스포츠 영화 등의 작품을 다룰 때 확실히 그림 그리는 데 서툰 감이 있더라고요.

직업 가치관에 관한 질문으로 넘어가 보겠습니다. 특히 콘티 작가를 꿈꾸거나 이 분야에 관심이 많은 이들에게 중요한 질문이라 생각되는데요. 보조 작가로 처음 콘티 작업을 시작했던 시점부터 현재까지 심적으로 가장 크게 변화했다 느끼는 부분이 있을까요?

이 일을 시작하기 전까지만 해도 저는 영화를 좋아하

는 관객 중 한 명이었죠. 그런데 어느 순간 영화를 제작하는 스태프의 일원이 됐어요. 게다가 콘티 작가라는 역할상 시나리오에 개입하지 않을 수 없고. 영화 제작에 스태프로 참여하다 보니 자연스레 맡은 작품에 애정이 생겨요. 영화가 잘 만들어져서 성공적으로 개봉되고 흥행했으면 좋겠다는 생각이 들게 돼요. 저에게도 좋은 결과일뿐더러 투자를 받은 상업영화라면 응당 수익이 발생해야 하고 무엇보다 영화 전체 시장이 성장하기 위해서 필요한 부분이기도 해요. 그래야 영화 스태프들이 조금 더 윤택한 환경에서 작업할 수 있고.

경력 초창기에는 가벼운 마음으로 접근했었다면 지금은 더 책임감을 갖고 임해요. 물론 실력이 조금씩 쌓이면서 시나리오에 대한 이해도가 높아졌기 때문이기도 하죠. 회의를 진행하다가 구현하기 어려운 장면이 나오면 어렵다고 적극적으로 의견을 내요. 더 좋은 작품이 만들어지기 원하니까. 한 편의 영화를 제작하기 위해 콘티 작가로서 참여했으면 한 장면이라도 더 섬세하고 정확하게 그려야 하는 게 맞잖아요.

작업했던 영화 중 가장 기억에 남는 작품은 무엇인가요?

<계춘할망>이라는 작품이 기억에 남아요. 제주도 촬영장까지 직접 가서 콘티 작업을 했던 작품이에요. '앞으로 3년 동안 제주도는 쳐다도 안 볼 거야.'라고 말할 정도로 고생을 많이 했지만 그만큼 기억에 남는 영화예요. 당시에 좋은 인연을 많이 만나기도 해서 참 소중한 영화죠.

콘티 작업을 더 깊이 있게 공부하기 위해서 추천하고 싶은 자료가 있다면 공유해 주세요.

구하기 어려울 수도 있겠지만 실제로 개봉된 영화들의 콘티북을 찾아보면 좋아요. 공식적으로 출간된 콘티북들. 그 안에 담긴 콘티와 실제 영상을 비교해 보면 정말 많은 도움이 될 거예요. 미장센이 좋은 영화로는 <팅커 테일러 솔저 스파이(Tinker Tailor Soldier Spy)>를 추천해요. 매 장면이 예술이라는 생각이 들 정도였어요. 영국 소설을 원작으로 하는 영화라 내용을 정확히 이해하기는 쉽지 않지만 영화를 보는 내내 정말 대단하다는 생각을 했어요. 나중에 들어 보니 함께 작업했던 촬영 감독님 중에서도 이 영화를 좋아하시는 분들이 꽤 있더라고요.

이제 막 콘티 업계에 입문했거나 콘티 작가가 되고 싶은 이들을 위해 꼭 해주고 싶은 조언이 있나요?

    콘티 작업은 엉덩이 붙이고 앉아 묵묵히 작업해야 하는 일이다 보니 진득한 성격이 필요해요. 여럿이 회의할 때와 다르게 혼자 디테일 작업을 할 때는 굉장히 외로워요. 오늘 열심히 그려도 끝이 없고 내일, 모레 열심히 그려도 끝이 없어요. 한 달 반 넘게 혼자 작업해야 하기 때문에 마음가짐도 단단히 해야 하고. 정신을 환기할 수 있는 본인만의 습관이 있으면 좋아요. 하루 종일 그림만 그리면 두통이 올 정도가 되거든요. 저는 콘티 작업을 처음 할 때 마감 일정 때문에 마음이 급하니까 생활 패턴이 다 망가졌어요. '빨리 작업해서 작업물 넘기고 쉬어야지.'라는 마음이었는데 그렇게 작업하면 병이 나더라고요. 여러 번 작업하면서 이를 극복하는 저만의 방법이 생겼어요. 체력 유지를 위해 운동을 하든, 일부러 밖에 나가 산책을 하든.

당연히 최대한 많은 그림을 그려 봐야 하고요. 평소에 동물 그릴 일이 많지 않잖아요. 그런데 작업할 때마다 몇 번씩 동물을 그려야 하는 경우가 생겨요. 특히 고라니. 영화마다 등장해요. 감독님들이 고라니를 정말 좋아해요. 처음에는 고라니를 정말 못 그려서 진돗개 같았는데 지금은 제법 그려요(웃음). 이처럼 어떤 상황에서 어떤 그림을 그릴지 모르니까 평소 많은 습작을 해보면 좋아요. 이렇게 쌓은 실력은 작업 속도와도 연결돼요. 평소에 많이 그려 봤던 그림은 자신감을 갖고 빠르게 그릴 수 있거든요.

마지막 질문입니다. 아직 대중적이지 않은 콘티 작가라는 직업이 처음 접하는 이들에게 어떤 형태로 인식되었으면 하나요?

저도 이 직업에 대해 잘 몰랐을 때 그림 잘 그리면 누구나 할 수 있는 직업쯤으로 알고 있었어요. 그런데 앞서 언급했듯 영화 크레디트에 콘티 작가 이름은 연출 파트에 속해서 올라가요. 이런 관점에서 바라보는 시선이 필요하다 싶어요. '기계적으로 그림을 그리는 사람'이라기보다 영화 연출 측면에 심도 있게 관여하는 사람으로.

고차원의 기술은 아니지만 콘티 작가도 영상 언어를 이해하고 그림 그리는 기술을 지니고 있는 전문가잖아요. 그런데 등 뒤에서 '콘티 작가는 작업 초반에 그림 몇 컷 그리고 빠지는 사람인데 왜 그렇게 높은 작업료를 받는 거지?'라는 이야기가 간혹 들려요. 정말 저뿐만 아니라 모든 콘티 작가가 스토리보드를 제작하는 과정에 막중한 책임감을 갖고 임할 거예요. 작가 본인의 역량을 활용해서 영화 제작 과정에 책임감을 갖고 일하는 사람으로 봐주면 좋겠어요.

THE PERSONS

FILM STORYBOARD ARTIST DICTIONARY

영화 콘티 작가 용어 사전

각색 脚色, Adaptation
원작이 있는 작품을 매체(연극, 드라마, 영화 등)에 맞추어 시나리오로 만드는 작업을 말한다.

로우앵글 Low angle
촬영 피사체를 아래에서 올려다보며 찍는 구도를 의미한다. 시각적으로 웅대하고 시원한 느낌을 주어 존경과 찬양의 대상을 보여 줄 때 흔히 쓰인다.

메이킹 필름 Making film
영화 제작 뒷이야기를 다큐멘터리로 엮은 영상을 말한다.

메타포 Metaphor
직접적인 의미보다는 형식에서의 의미에 치중하여 닮지 않은 두 요소를 암시적으로 비유하는 방법을 의미한다.

몹씬 Mob scene
대규모 인원이 동원된 촬영 장면을 말한다.

미장센 Mise-en-scène
무대 위에서의 등장인물의 배치·역할 및 무대 장치와 조명 등에 관한 총체적인 계획을 의미한다.

바스트 샷 Bust shot
촬영 시 화면에 인물이 머리끝에서 가슴 부분까지 나오는 장면을 말한다.

부감 Hight angle

카메라가 피사체보다 높은 데 위치해서 화면에는 위에서 아래를 내려다보는 느낌이 들도록 하는 화면 구성을 의미한다.

붐업 Boom up shot

크레인을 사용하여 움직이면서 촬영한 장면을 말한다.

블로킹 Blocking

화면에 공간감을 만들어내기 위해 카메라 프레임 내에 인물을 배열시키거나 카메라, 조명 등의 기재들을 적절한 곳에 배치시키는 작업을 의미한다. 인물 블로킹은 등장인물이 카메라를 의식하지 않고 관람자 또한 카메라가 등장인물의 동장을 담고 있다는 사실을 의식하지 못하도록 기능한다.

비하인드 컷 Behind cut

촬영은 되었지만 실제 영화에서 사용되지 않은 장면들을 말한다.

스크립터 Scriptor

촬영 현장의 매 촬영에 입회하여 스크립트대로 촬영하는지를 확인하고 그 내용을 기록하는 사람을 말한다.

스틸컷 Still cut

영화, 드라마, 광고 필름 가운데 한 컷만 골라낸 사진을 말한다. 흔히 홍보 또는 기념을 위해 사용한다.

시퀀스 Sequence

몇 개의 장면이 모여 특정 상황의 시작부터 끝까지를 묘사하는 영상 단락을 의미한다.

아이 레벨 Eye level

대상을 눈높이에서 바라본 장면으로, 일반적인 눈높이에서 피사체를 사실 그대로 보여줄 때 사용하는 촬영 기법을 말한다.

애니메이터 Animator

애니메이션 제작팀 중 움직이는 작화나 3D 작업을 진행하는 사람을 말한다.

애니메틱 Animatics

스토리보드의 그림들을 실제 영상 시간에 맞게 편집하여 영상화한 작업물을 말한다. 각 장면의 구도, 움직임, 느낌을 사전에 확인하기 위해 수행하는 작업이다.

오버 숄더 샷 Over shoulder shot

두 인물이 나타나는 장면에서 한 인물의 어깨너머로 상대방의 모습이 보이도록 찍는 촬영 기법을 말한다.

원테이크 One take

한 번의 촬영으로 해당 장면을 모두 담아내는 촬영 기법을 의미한다.

윤색 潤色, Embroidery

각색보다 낮은 단계의 시나리오 수정 작업으로, 주제나 등장인물 등 중요 부분을 수정하지 않는 내에서 대사나 에피소드 등을 수정하여 각색된 작품을 더 좋은 방향으로 이끄는 작업을 의미한다.

일러스트레이터 Illustrator

포스터나 광고, 잡지 등 여러 분야에서 문장의 보조나 설명에 사용되는 그림이나 삽화를 그리는 직업을 말한다.

줌인 Zoom in

카메라의 위치를 고정해 놓고 줌 렌즈의 초점 거리를 조절하여 피사체에 접근하여 가는 것처럼 보이도록 촬영하는 기법을 말한다.

카메라 무빙 Camera moving

카메라가 움직이거나 카메라는 움직이지 않고 카메라 헤드만 움직이며 촬영하는 기법을 의미한다.

카체이싱 Car chasing

자동차 추격 장면이나 자동차 사고 장면 등 자동차가 역동적으로 움직이는 장면들을 말한다.

콘티뉴이티 Continuity
영상 구성에 있어 장면과 장면을 이해하기 쉽고 부드럽게 연결하여 하나의 일관된 흐름을 갖게 하는 작업을 의미한다. 콘티뉴이티 작업을 통해 만들어진 결과물을 통상 콘티라고 부른다.

크랭크 인 Crank in
영화 제작 과정에서 촬영 개시를 의미한다.

크랭크 업 Crank up
영화 제작 과정에서 촬영 종료를 의미한다.

클리셰 Cliché
영화나 드라마 등에서 진부한 장면이나 판에 박힌 대화, 상투적 줄거리, 전형적인 수법이나 표현을 의미한다.

클립 Clip
어떠한 영화에서 자른 한 장면이나 비교적 짧은 영상물을 말한다.

톤 앤 매너 Tone and manner
작품마다 갖고 있는 고유의 분위기와 구성을 의미한다.

트래킹 Tracking shot
움직이는 연기자를 따라 움직이는 트랙이 있는 탈 것이나 이동차 위에 고정된 촬영기에서 촬영한 장면을 말한다.

팬 Pan shot

카메라 헤드를 좌우로 움직이며 촬영한 장면을 말한다.

포스트 프로덕션 Post-production

프로덕션 종료 후 시작되는 단계로 편집, 색보정, CG, 음악, 사운드 믹싱 등의 작업들과 마케팅, 배급, 영상물 등급심의, 상영까지의 단계를 말한다.

풀샷 Full Shot

인물의 전신을 포착한 장면을 말한다.

프리 비주얼라이제이션 Pre-visiaulization

애니메이션이나 게임의 시각화 제작 과정 중 캐릭터와 물체 등에 움직임을 부여하는 작업을 의미한다.

프리 프로덕션 Pre-production

영화가 개봉되기까지 프리 프로덕션(Pre-production), 프로덕션(production), 포스트 프로덕션(Post-production) 등 크게 3단계의 작업방식으로 나뉜다. 프리 프로덕션은 촬영이 들어가기 전에 영화를 기획하는 단계를 말한다. 프리 프로덕션 단계에서는 시나리오 작성, 투자사 확정뿐 아니라 배우, 스텝 계약 진행, 촬영 장소 계약 진행 등 촬영이 들어가기 전 모든 과정을 진행, 확정하는 단계이다.

한국 영상 자료원 Korea Federation of Film Archives
국가 차원에서 영상자료를 수집하고 보관하기 위해 설립된 문화체육관광부 산하의 문화서비스 공공기관을 말한다.

AAU Academy of Art University
미국 샌프란시스코에 위치한 예술 특화 대학이다. 애니메이션, 영상, 미술 등 시각 분야 전공 커리큘럼이 우수한 것으로 유명하다.

ADR Automated dialogue replacement
동시 녹음된 사운드를 대체하기 위해 후시녹음하는 것을 말한다.

CGI Computer-generated imagery
컴퓨터 영상 합성기술이라고 부르며, 컴퓨터에서 조작되거나 창조되는 일련의 이미지를 작업할 때 사용되는 기술을 말한다.

D.I Digital Color Grading
최종 편집된 영상에 대해 특정 장면을 원하는 톤으로 수정하거나, 상영관에서 촬영 색감과 동일한 색감으로 상영될 수 있도록 수행하는 전반적인 색보정 작업을 말한다.

OTT Over the Top
통상 온라인 동영상 스트리밍 서비스를 의미한다. 'top'

은 셋톱박스를 의미하며 서비스 태동 초창기에는 셋톱박스 기반 인터넷 동영상 서비스를 지칭했지만 최근에는 여러 기기에서 스트리밍으로 재생되는 영상 플랫폼 서비스 전체를 말한다.

VFX Visual Effect
영화에 애니메이션 그림 등에 적용되는 특수영상이나 시각 효과를 의미한다. CG 특수효과라고 부르기도 한다.

THE PERSONS

INTERVIEWEES
만난 사람들

Person 01.

김영웅

영화 콘티 작가는
글과 영상의 간극을 채운다

Person 02.

정상용

영화 콘티 작가는
그림에 정보를 담는다

Person 03.

박송이

영화 콘티 작가는
제2의 시나리오를 만든다

Person 04.

정윤선

영화 콘티 작가는
구체적으로 표현한다

Person 05.

송선찬

영화 콘티 작가는
시각화된 시나리오를
만든다

Person 06.

류현

영화 콘티 작가는
그림으로 윤색한다

Person
07.

박지운

영화 콘티 작가는
생각하는 힘이 필요하다

Person
08.

엄경아

영화 콘티 작가는
설계도를 그린다

THE PERSoNS
Professional interview collection 03

FILM STORYBOARD ARTIST *Image communicator*

초판 2021년 03월 02일

발행인 이시용

디자인 이율희

인터뷰·편집 이시용 / 김휘환

교정·교열 오원영

발행처 더퍼슨스

출판 등록 2020년 1월 7일(제 2020-000043호)

주소 서울시 서초구 강남대로107길 21, 대능빌딩 2층(잠원동)

전자우편 thepersons.interview@gmail.com

SNS @thepersons_official

ISBN 979-11-969833-3-8 03070